阅读成就思想……

Read to Achieve

极简应用心理学系列

Making Time

Why Time Seems to Pass at Different Speeds and How to Control It

心理时间之谜

为什么我们总是对时间感到焦虑

[英] 史蒂夫 · 泰勒（Steve Taylor）◎ 著

郑淑明　黄诗惠　王敏 ◎ 译

中国人民大学出版社

· 北京 ·

图书在版编目（CIP）数据

心理时间之谜：为什么我们总是对时间感到焦虑 /（英）史蒂夫·泰勒（Steve Taylor）著；郑淑明，黄诗惠，王敏译．—北京：中国人民大学出版社，2019.8

ISBN 978-7-300-27081-4

Ⅰ．①心… Ⅱ．①史… ②郑… ③黄… ④王… Ⅲ．①心理学—通俗读物 Ⅳ．① B84-49

中国版本图书馆 CIP 数据核字（2019）第 140637 号

心理时间之谜：为什么我们总是对时间感到焦虑

［英］史蒂夫·泰勒（Steve Taylor） 著

郑淑明 黄诗惠 王 敏 译

Xinli Shijian zhi Mi：Weishenme Women Zongshi Dui Shijian Gandao Jiaolü

出版发行	中国人民大学出版社		
社　　址	北京中关村大街 31 号	**邮政编码**	100080
电　　话	010-62511242（总编室）		010-62511770（质管部）
	010-82501766（邮购部）		010-62514148（门市部）
	010-62515195（发行公司）		010-62515275（盗版举报）
网　　址	http：//www.crup.com.cn		
经　　销	新华书店		
印　　刷	天津中印联印务有限公司		
规　　格	148mm×210mm　32 开	**版　次**	2019 年 8 月第 1 版
印　　张	7.25　插页 1	**印　次**	2019 年 8 月第 1 次印刷
字　　数	141 000	**定　价**	59.00 元

致休和特德

前言
PREFACE

在我六岁时，父母带着哥哥和我去北威尔士的康威旅行，我们每年都会去那里度两周的假期。返程时，天色阴沉，车子缓缓而行，仿佛开不到尽头。我倚在后座上，看着橘黄色街灯和红砖建筑消失于视野，不禁担心回家的路程没有终点。

“我们是不是快到家了？”我问爸爸。

“傻孩子，”他说，“我们才刚刚行驶了半个小时。”

为了打发时间，妈妈和我们玩“是或否”和“二十个问题”的游戏，之后我们又听了一会儿收音机，然后我就睡着了。醒来后，我觉得自己好像已经在车里度过了一个世纪，但我们依然没有到家，真是令人难以置信。

“我们是不是快到家了？”我再次问道。

“快了。”爸爸回答说。

我们又玩了很长时间的游戏，终于，我看到了熟悉的曼彻斯特郊区的街道。我至今都难忘当时被烦闷和忧伤紧紧地包围着的感受，我暗暗发誓，再也不坐这么长时间的车了。

小时候，从康威到曼彻斯特的路程是两个小时；如今，这段路程大约还是两个小时（虽然由于道路改善而稍微快了一点）。几年前，我再次踏上这段旅程，却发现以成年人的视角，两小时的车程变得那么短暂。同样的两个小时，在我六岁时，好似世纪之久；而今，不过是白驹过隙。这次由我的女朋友开车，一路上，我们聊天、听音乐、看威尔士乡村风景逐渐过渡为英格兰西北部的城市景观，不知不觉就回到了曼彻斯特。这真是有些让人觉得可怕——在我六岁那年，短短的两个小时当中究竟发生了什么？

几年前，在另一次旅行中，我体会到如今时间于我而言流逝得更快了。我乘坐了 15 个小时的飞机，从新加坡到曼彻斯特。我在飞机上度过了似乎无比漫长的时间，因为我并不喜欢坐飞机，而且这次飞行真可谓充满坎坷：飞机在印度上空遭遇了两次台风，而且整个过程中，几乎没有稳定的时候。我本希望睡觉能帮我消磨一些时间，却未能如愿，每次我刚要睡着，就会被焦虑感惊醒。既然睡不成觉，我就只能希望通过机上的娱乐设施、书籍或杂志来分散注意力，让时间过得快一些，但是我的思想却不听从我的摆布，顽固地时刻关注着飞行实况。我无比清楚地感知时间一分一秒地流逝，这大大延长了我对飞行时间的感受，基本上每隔几分钟我就会看一下时间，但每一次，过去的时间都比我预期的少很多。

最近我才意识到，我对于那次旅行所花时间的主观感受与童年时期康威之旅的感受如出一辙。在我看来，它们似乎包含了大约同等的无聊和烦躁，并且持续了大致相同的时间。这意味着孩童时期的两个小时相当于成年后的15个小时——这也就是说，自从我长大以后，时间流逝的速度是从前的七倍。天哪！时间都去哪儿了？为什么我好像失去了很多时间？

大约15年前，我大学毕业没多久，便以贝斯手的身份加入了一支摇滚乐队，并且跟着乐队去德国巡回演出。在那里，我爱上了一个女孩。巡演结束之后，我决定不回家乡，而是搬进了她的公寓，在德国一待就是四年。开始的那几个月，生活中处处充满惊奇。当时，那里的一切都与我之前生活的环境截然不同。单单是走在街上，便是一种很刺激的体验：街边的老房子在黑乎乎的煤尘中崩塌，新奇的风格建筑，还有穿梭在其中形形色色的人们——他们身着不同衣服，梳着不同发型，说着不同语言。一切都是如此令人难以置信，却又如此真实、令人振奋，在这里，我第一次认真地谈恋爱，不断结识新朋友，在新乐队里演奏，学习新的语言，并开始教授英语。每天我都被全新的事物包围——新风景、新气味、新声音和新体验。

在德国待了八个月后，我回曼彻斯特度假。当我回到家乡，我感觉自己好像是从遥远的国家征战多年后返乡的罗马士兵。我不敢相信自己只离开了八个月，在我看来，这段时间好像有整整八年。然而，这么长时间过去了，这里的一切却还是和从前一模一样，让我大为惊奇：所有的商店依旧是老样子，员工也一点都没变，我的那些朋友们的工作和住址全都保持着我离开前的原状。我好像乘坐一艘以接近光速行驶的宇宙飞船，时间对于我来说似乎延长了。

还有很多这样的例子，表明当我们处于不同的情况时，对时间的感受是不一样的。在这本书中，我将会解释这种现象产生的原因，也会对那些困扰着全人类的问题做出解答：为什么时间似乎会随着年龄的增长而加快？为什么当我们体验新事物时，时间仿佛延长了，就像我在德国所经历的那样？为什么开心时，时间过得飞快；而无聊或焦虑时（就像那次我乘坐飞机从新加坡返程时的体验），时间显得漫长？为什么在诸如发生事故或遇到紧急情况、运动员处于巅峰状态或是当人们患精神分裂症等精神疾病的时候，时间会骤然减慢甚至暂停？

在爱因斯坦探索时间的奥秘之前，科学家们认为时间是绝对的，即时间在宇宙中的任何地方都以恒定速度流逝。而爱因斯坦证明了时间的流逝取决于两个变量：速度和引力。物体移动得越快，时间对它而言流逝得越慢，若一艘飞船以光速的 87% 飞行，那么这艘飞船上的时钟会比地球上的时钟慢一半；同样，物体的引力越大，时间流逝得越慢，比如时间在木星表面流逝的速度要比在地球上慢得多，这是因为木星的引力场更大。

爱因斯坦解决的是时间在宇宙中流逝的问题，你也可以称其为宇宙时间。但在这本书中，我们将会探索心理时间，探索生命中我们所感知和体验的时间。我将在书中概述一种类似于相对论的理论，但旨在解决内在世界而非外在世界的时间流逝问题，这一理论主要研究导致不同个体感受到时间流逝速度的不同因素。

虽然我们感受到时间流逝速度的不同，但导致心理时间有快有慢的因素是相同的，只不过它们作用的效果不一样，我将在书中对此做出解释。若是能够了解这些因素，我们就可以学会控制它们，从而克服自身认为时间过得太快的感受，以缓解对时间的焦虑情绪。我们总是感觉自己受到了时间的控制，感觉时间把我们抛在身后，从不允许我们做那些想做的事情，而且夺走了我们鲜活的青春、美丽的容颜和宝贵的健康。时间是一个可怕的敌人，它吞噬着我们的生命，把我们推向离死亡更近的地方。正如法国谚语所说："时间一点一点地吞噬你的生命。"

此外，时间总是在不断向前，这意味着我们现有的快乐都只是暂时的，因为产生快乐的因素很快就会改变。一切都在变化，成功、财富和好运都会消失，人们本身以及人际关系也会随之改变。正如哲学家叔本华所写："我们处在这样一个世界，在这里，稳定是无处可寻的，更不要妄图找到任何持久如一的东西，这里的一切都处于永恒变化的漩涡当中……快乐是不切实际的。"

因此，大多数人试图阻止时间前进的脚步。有的人希望通过锻炼身体、保持健康饮食来延长寿命；有的人借助保湿和美容产品来减缓衰老；有的人则选择做整形手术使自己（和其他人）相信他们比实际年龄更年轻；还有的人试图把幸福延续，他们把生活营造得尽可能安稳，他们的工作稳定、人际关系稳固、生活方式单一、保险配置和养老金牢靠，以为这样就能不让“时间破坏者”得逞（但时间的影响终究是不可避免的）。

之所以说时间是我们的敌人，也是因为它不通情理，总是和我们唱反调：它常常“缩短”愉快的经历，“延长”痛苦或无聊的经历。为什么办公室里的无聊午后会度日如年，和朋友外出的狂欢之夜却转瞬即逝？

我认为，对于时间的流逝，我们无须感到彷徨无助，因为我们可以学习控制生命中时间流逝的速度。延伸时间是真实可行的，我们可以通过转变自身的感知，从而体会更多的时间，无须再去试图掩盖衰老的过程或是想方设法地延长寿命。实际上，从心理的角度去延长时间更加容易且更有益处，我们可以通过改变生命中每时每刻所经历的感受来实现这一点。

首先，本书要探讨生命中我们对时间所产生的种种不同感受。我主要阐述五种基本感受，我把它们称为“心理时间的五条规律”。当然，它们并非一般科学术语中的“规律”，它们没有那么科学严谨，因为我们面对的是一个主观问题，它的答案并不会是固定的、可验证的，且常存争议。我在书中提出的几条规律通常情况下都是正确的，符合大多数人的主观体会，并且得到了很多研究结果的支持。在过去的四年中，我一直在调查不同的时间感受和不寻常的时间体验，我将借由众多经历和访谈来阐述我的发现。

之后，我会探讨对时间产生不同感受的原因。我们将会了解到，正如宇宙时间与速度和引力相关联一样，心理时间同样与两个因素有关，即信息处理与自我意识。我所说的自我意识单纯是指在我们头脑中，“我”是个独特的个体这一意识。它是我们体内的一部分，且作为一个能独立感知的个体存在；它可以思考、幻想、做计划、做决定、总结经验等，它使我们把自己和世界以及其他人分离开来。这种自我意识似乎与我们对时间的感受紧密相连。我们也将会了解到，自我意识和信息处理如何解释我们对时间不同寻常的感受，不论是童年时期的漫长时光，还是自我意识极其强烈下的“时间暂停”，又或者是因痛苦难过导致的时间减慢。

在此之后，我们将继续讨论这本书的第二个主题——时间到底是什么，它是否真正存在，哪怕只是我们通常意义上理解的存在。我们将从文化和历史的角度来探索时间，从而明白我们普遍认可的线性时间观念并非绝对，它主要从心理或者意识上发挥作用，由此我们可以感知这个世界。在《坠落》(*The Fall*)一书中，我阐述道，生活在世界不同角落、不同历史时段的人们与我们的心理不同，感知世界的方式也大为不同。其中的一个不同体现在他们对时间的感受上。比如，在一些文化中，人们认为时间是循环的，而非线性的；还有一些人甚至根本没有任何时间概念。我们也会结合现代物理学探讨一些超自然的、神秘的和濒死的体验，从中总结出关于时间的哲理。我们所得出的结论是：人们普遍认可的线性时间观念并非真实存在，它只是思维的产物。鉴于这一结论，可以说我们不仅有可能延长时间，甚至可能完全超越时间。

在这本书的最后一部分，我们将会了解如何控制时间流逝感，如何让时间随自己的心意而加快或减慢。我们会探讨如何延伸自身所体验的时间，这样我们就可以经历更多的时间，相当于我们的寿命更长了。我们还会寻找方法将自己从种种桎梏中解放出来，比如独断专行的线性时间观念、广泛蔓延的“时间焦虑”情绪，以及时间与我们渐行渐远、生命慢慢被吞噬的感受。解放自己的关键是“当下”。我们要把注意力放在当下时刻和当下体验中，而不是头脑中的“嘈杂思绪”上。如此一来，未来和过去就不复存在，线性时间观念也会被“当下”这一强烈意识所取代。

在开始阅读这本书之前，我想说明一点：我在本书中所陈述的观点和理论并非绝对的真理。我本着与大家共同探讨的想法提出它们，以供参考，大家可以赞同或保持异议。在我看来，这些理论都不是固定的。在我探索和创作本书的过程中，这些理论不断发展，毫无疑问，它们也将会继续改变。同样，某些关于时间的规律和陈述可能不符合你自身的经历。也许你觉得随着年龄的增长，时间并没有变快；又或者当你身处陌生环境时，时间没有慢下来。这种不同的感受是意料之中的，因为正如我之前所提到的那样，我们面对的并不是客观事实或既定理论。现在你肯定已经对我有了一定了解，我喜欢探索理论，也喜欢考量同一问题的不同答案。我之所以要发展这些特定的理论，是因为在我看来，它们是最有条理和代表性的方式，可以解释为什么我们会对时间产生不同的感受。但我始终对其他理论秉持开放态度，也很期待你能提出自己的见解。

综上所述，我希望你能从这本书中得到三个收获。首先，你能够增强对时间的了解——为什么时间在不同情况下好像以不同的速度流逝，这种感受是如何在我们意识中产生的。其次，你能够控制时间，将生命延长，这样其实就相当于活得更加长久。最后，也许是最重要的一点，我希望这本书能够帮助你把握我们真正拥有的唯一事物——当下。

目录

CONTENTS

第一部分 心理时间的五条规律

第一部分

心理时间的五条规律

第1章

心理时间规律1：时间随着年龄的增长而加快

我的朋友向我讲述了一个有关时间流逝的例子。15岁时，他参加了学校组织的法国之旅。我的朋友在一所男子学校读书，而这次旅行对他而言可谓别开生面，因为当地女子学校的女孩们也一同参加。不难想象，他玩得有多开心，不仅品尝了法国的啤酒、香烟，还和一个女孩展开了一段懵懂的青春爱恋。

一年后，他乘坐公交车时发现对面的两个女孩莫名的熟悉。过了一小会儿，他恍然大悟——她们曾同他一起参加了那次法国旅行。当他意识到那次旅行已过去近一年时，他不禁十分感怀。回想那一幕，他告诉我：

> 虽然只有一年，却好像过去了好久，久到让我为之痴迷了大半个假期的女孩们，我都不大记得她们长什么模样了。我也想起身去和她们聊聊天，但是又怕隔得太久，她们都不记得我了（也可能我只是在为自己的害羞找借口）……若是现在让我描述过了多久，我会说，就好像过了四年那么久。

当然，心理时间的第一条规律早就已经广为人知了，在此并不需要详细例证。我们都曾对此发表言论：怎么今年的圣诞节好像来得更快了？怎么新的一年都快结束了，明明才刚刚适应在支票上写下这一年的日期？怎么上一刻似乎还在为孩子换尿布，下一刻孩子都快毕业了……

我每次演讲、上课或举办研讨会时，都会提出这一规律并询问大家是否赞同，然后记录、整理、累加相关数据，作为一种持续的调查。目前，我所调查的93%以上的人认为随着年龄的增长，时间也在加快。事实上，那些不赞同这一规律的人几乎都是20多岁的年轻人，他们大概还没有意识到时间的加速。此外，心理学家进行的更为正式的调查显示，几乎所有人（包括大学生在内）都觉得与年轻或是更早的时候相比，现在时间过得更快了。另一结果也许会让人觉得更为惊奇——许多实验表明，如果让人们猜测时间间隔的长短，或者"再现"这些间隔，年长的人往往比年轻的人猜得更短。

时间观念的形式

有这样一种说法：人类有两段生命—— 一段是五岁之前，另一段是五岁之后。这大概是因为最初五年的时间实在太漫长了，我们在这五年中所经历的时间可能和此后70多年所经历的时间一样长。比尔·布莱森（Bill Bryson）在其童年回忆录《闪亮的日子》（*The Life and Times of the Thunderbolt Kid*）中写道："在孩子的世界里，时间移动得格外缓慢……若以成人的标准来衡量，（童年）仿佛持续了几十年之久。”

然而，在生命最初的那几个月，我们似乎完全感觉不到时间的流逝。心理学家让·皮亚杰（Jean Piaget）做了大量实验以探索儿童认知发展的奥秘，他的研究表明：在生命最初的几个月里，我们生活在“无空间”的状态中，无法辨别不同的物体，也不明白自身和其他物体之间的区别。我们与世界融为一体，不知道自己的起点和终点。此外，我们也经历了一种“无时间”状态，这是因为就像我们无法辨别不同物体一样，我们也无法区分不同的时刻，不知道事件何时开始或结束。正如超个人心理学家、哲学家肯·威尔伯（Ken Wilber）写道：“对于一个新生儿来说，他无法感知真正的空间……因为自身与周围的环境没有差别、无从区分；同样，他也无法感知时间，因为他无法识别空间中物体的连续运动。”

只有当自身开始形成分离感时，我们才能够渐渐脱离无时间的领域。皮亚杰认为，我们大约在七个月大时会开始发生变化，并意识到自己与世界不同，以及自己是一个独立的个体，还会开始察觉不同物体之间的差别。这样一来，我们就能够渐渐感知不同事件发生的先后顺序。当语言逐渐发展，加上对过去、现在及将来时态理解的加深，我们会形成连续的时间感，能够区分过去和未来。在皮亚杰看来，该过程遵循这样的四个阶段：首先，我们意识到人们的到来和事件的开始；其次，我们意识到人们的离开和事件的结束；再次，我们意识到无论人或物，移动时都会产生距离变化；最后，我们能够测量移动物体或人之间的距离。此时，我们便形成了连续的时间感。

一旦陷入时间“陷阱”，我们就会越来越受制于它。人们不仅在成年时期有时间加快的感觉，很可能早在幼年时期，这种感觉就开始形成了，此后也一直存在。假若时间顺序感的产生源于独立的自我意识发展，我们便可以提出这样的假设：自我意识越发达，时间顺序感就越强烈，这意味着时间过得越快。一个两岁的孩子或许也能够感到时间的流逝，但速度却是极其缓慢的。不过，随着孩子自我意识的不断发展，时间流逝的速度对他们来说也会加快，即四岁的时候时间比三岁时过得要快，七岁时又比六岁时过得要快。

然而，正如我在童年的那次康威旅行中所感受到的一样，即使在六岁这个年纪，对时间流逝的感受仍然要比成年人慢很多倍。因此，小孩子眼中的时间往往比实际上的更为长久，所以他们时常抱怨时间实在太漫长了，在这一点上，家长们一定都深有体会。比尔·布莱森这样说道：“对于孩子们来说，在炎热的下午坐在教室里，时间仿佛变慢了五倍；在五英里①以上的汽车旅行中，时间变长了八倍。”因此，当小学生上课注意力不再集中时，老师应该这样考虑：对于老师自己来说，40 分钟的一堂课再短不过（从上午九点到下午三点半的一天也转瞬即逝）；这对于孩子们而言，却要慢上好几倍，那真的是很漫长了。认识到这一点，会对儿童保育工

① 1 英里≈1.6093 千米。——译者注

作有一定的指导意义。近来，人们围绕“将孩子交给保姆或托儿所托管会有什么影响”争论不休，在这一问题上，有一个因素至关重要、值得深思：孩子们如何感受他们离开父母的时间。比如，父母在上午八点把孩子送到托儿所，下午五点半来接他回家，和他共同度过两个半小时，然后让他上床睡觉。这九个半小时的分离即便是成人也会觉得十分漫长，而在孩子的眼中，时间就更加缓慢了。这种时间延长会强化分离的负面影响，比如孩子们下意识的排斥感，或者父母和孩子之间的纽带减弱。

小孩子还没有形成时间感也体现在其他方面。他们无法准确地猜测事件持续的时间，只有他们到了六七岁时，才能够用秒来计算时间。他们也无法理清过去事件发生的顺序，当二至四岁的孩子谈论他们做过的事情或者复述发生在他们身上的故事时，总是混淆事件发生的顺序，通常把相关联的事件一起说，而不是按顺序讲述。同样，他们通常不能把一组图片按照时间顺序正确排列，因而无法编成完整的故事。

小孩子对未来的概念也很模糊。我们时常忘记未来与过去并非真实存在，它们只存在于我们的思想当中，唯一真正存在的只有现在。正是因为我们处于现在，我们才能够思考未来和过去，回忆此前发生了什么，憧憬此后将会发生什么。然而，正如圣奥古斯丁（St Augustine）所写的那样：“过去只是记忆，未来只是期许，它们只因现在而存在。”可小孩子没有抽象思维或理性思考的能力（皮亚杰认为，直到七岁时，孩子才会形成这样的能力），他们很难回忆过去或憧憬未来。几年前，我的妻子决定带她的侄子和侄女去剧院。那天早上，她五岁的侄子查理不知为何大哭不止。“别难过，查理，”她说，“我们今晚要去看《穿靴子的猫》（*Puss in Boots*）。”查理只是茫然地看着她，仿佛不明白“今晚”是什么意思，只是不停地哭。见此情景，我的妻子回想起了她孩童时期的那年圣诞节。当时，她闹情绪，她的哥哥安慰她说：“别担心，帕姆，明天就是圣诞节了，你会收到很多礼物。”她还记得那时“明天”对她毫无意义，她大吼道：“现在又不是圣诞节！”

德国发展心理学家埃里克·埃里克森（Erik Erikson）认为，人类的时间感在十五六岁时才能完全形成。度过“时间混乱”的阶段后，我们就有了清晰的“时间观念”。因为到了这个阶段，自我意识得到了充分发展，包括我们与世界的分离感，以及抽象思维和理性思考的能力。此时，我们已经完全陷入时间“陷阱”。但在青春期和成年初期，我们的生活仍然充满新奇体验，时间似乎依旧过得很慢。大多数人在年近三十或者三十出头的时候才开始注意到时间变快了。这时，我们通常已经“安定下来”了：拥有稳定的工作、婚姻和家庭，也形成了种种生活惯例——每天工作、回家、吃饭、看电视；每周一晚上去健身，每周三晚上去看电影，每周五晚上与朋友去喝杯酒等；每年过生日、法定假日，以及两个星期的夏日度假。几年后，我们开始意识到，完成这些生活惯例所花掉的时间越来越短，就好像我们在转盘上越转越快。100 多年前，法国哲学家保罗·珍妮特（Paul Janet）指出：

那些生命中已经度过了很多个五年时光的人，只需要扪心自问就会发现，最近一个五年比之前曾度过的五年要快得多。人们一定会牢记上学时最后那八个或十个学年，它们仿佛长达世纪之久。与它们相比，生命中最后八年或十年，好似短短一小时。

过了那么久的事情怎么像是刚发生的

我希望你们可以花点时间，回答几个问题，告诉我下面几个事件发生在哪一年？

1. 洛克比空难；
2. 东京地铁沙林事件；
3. 柏林墙的倒塌；
4. 比尔 · 克林顿和莫妮卡 · 莱温斯基的丑闻；
5. 披头士乔治 · 哈里森之死；
6. 戴安娜王妃之死。

1.1988 年　2.1995 年　3.1989 年
4.1997 年　5.2001 年　6.1997 年

只要到了能够记住这些事件的年纪，那么大多数人都会发现，我们往往把这些事件发生的日期想得离现在更近一些。心理学家将这一现象称为“向前压缩”，即人们会认为过去事情发生的时间比实际时间更靠近现在。结婚、死亡、孩子出生，当我们回顾此类重大事件时，经常会惊讶地发现原来它们已经发生那么久了。我们以为朋友才去世一两年，但其实他已经离开四年了；或者我们以为侄女或侄子好像才出生三四年，但其实他们已经十岁了。正如一位 83 岁的人曾对我说："我永远猜不出事情发生于多久以前。当人们问我'某某什么时候结婚的'或者'某某什么时候去世了'时，我的答案总是错得离谱——如果我回答两年，实际上已经过去了五年；如果我说六个月，实则已经过去两年了。"对于像我此前列举的那些国家和国际大事，人们也有相同的感觉。研究表明，人们通常认为它们发生的时间距离现在更近。这也许是因为时间随着年龄的增长而加快，这个月比上个月短，今年又比去年短。人们之所以会认为朋友离世、孩子诞生、名人逝去仿佛还没有过去四年这么久，是因为在这四年里，时间在不知不觉中悄然加快了。

成年之后，我们对过去和未来也变得非常敏感。我们学会了深思熟虑和推论性思考，这使过去和未来变得和现在同等重要。孩子们活在此时此刻，他们不担心在下周的生日聚会上能否和其他孩子相处融洽，也不会回想上周在幼儿园发生的事情。相反，他们只关注当下正在做的事情，以及围绕在他们身边的人、物和其他现象。但成年之后，我们开始生活在自己的思想当中，超出了此刻的时间、空间，我们开始幻想、思考、担忧和计划。也可以说，我们不再仅仅关注此时此刻，还开始关注彼时彼刻。我们花费大量时间去憧憬未来、回忆过去，这导致我们远离现在。布莱士·帕斯卡（Blaise Pascal）于 350 多年前写道："我们徘徊于那些不属于自己的时间，而不尝试去抓住唯一真正属于自己的时间，这是不明智的。"

与此同时，时间的转盘继续加速，不断压缩每一段时光，这样一来，几年快得就像几个月，几十年仿佛几年。等我们到了暮年，时间流逝之快让人难以置信，当我们还在考虑今天要做什么的时候，一天就快结束了。我采访过一位 79 岁的妇女，她对我说："我知道我已经老了，活了很长时间，但却感觉自己并没有那么老，因为过去的 20 多年太快了，一眨眼就过去了。"

长大后，时间为什么会加快

孩子与成人之间的不同，不仅体现在对时间的感知上，还体现在对周围世界的感知上。对孩子来说，这个世界更真实、更明媚、更迷人、更美丽。

我的儿子休现在三岁，每次带着他从家附近的田间小路穿过时，我都会感叹无论去哪里，我们都能走上很长时间。从高尔夫球场到最近的邮局原本只需要 10 分钟，现在竟然要走 40 分钟。的确，我儿子的小短腿决定着他走不快，但并不仅仅因为这个，最主要的还是因为他每隔几秒就要停下来，仔细观察各种东西，包括树木、灌木丛、石头、树叶、铁丝网、水坑，甚至是被丢弃的薯片袋和可乐罐，他对每件事物都好奇不已。他的世界充满了各式各样的纹理、颜色、形状、图案、气味和声音，一切都是那样美好。休可以花 10 分钟观察一片树叶，盯着它、抚摸它，拿着它在脸上轻拂。把他从浴缸里弄出来是我们的一大难题，其中一个重要原因是他喜欢坐在那里，将水从杯子里倾倒出来，认真地观察泡泡、水花和涟漪。

事实上，这是有小孩的好处之一：它重新点燃了我的热情，让我用新的视角看待世界。我走路时通常就像一支利箭，直击目标，眼中只有目的地，很少注意周围环境，脑中不停地思考其他事情。但是和休一起散步是种不同的体验，总能提醒我停下来看一看——只要你用心观察，几乎每个事物都有其迷人之处。如今，我已经意识到了单纯漫步的乐趣：望着天空，欣赏周围的花草、灌木丛和树木，只需要享受此时此刻，而不是憧憬未来或缅怀过去（当然，我也不能太在意这些，因为与此同时，我也得看着休，以防他踩到狗屎，或是他突发奇想，试图从篱笆上的洞中爬过去）。

其实相对于成人，孩子们才是真真正正地生活在世界上的人。当然，从客观存在的角度来说，我们的确生活在世界上；但在精神层面上，我们并没有，因为我们对周围环境投去的关注通常很少。你是否还记得自己最近一次观察早晨上班途中的街道和建筑是什么时候？最近一次在去商店的路上抬头仰望奇怪形状的云朵是什么时候？最近一次端详每天路过的树木是什么时候？

我们的注意力通常并不集中于当前的现象世界，而是集中于内心，比如各种思绪和幻想，或是集中于外部刺激，比如某种任务、活动或消遣。在火车上，我们更可能会思考当天需要做的工作、读报纸或编辑文本信息，而非凝视窗外城镇和乡村的风景；在乘船旅行中，大多数人更喜欢在酒吧喝酒或在休息室里看电视，而非在甲板上远眺，欣赏大海的波澜壮阔，看着远方的陆地渐渐隐去。当然，在我们沉浸于各种消遣或无限思绪时，也会花点注意力关注这个世界，可这点注意力往往少得可怜——只要不走错方向或者不撞上东西就够了。

而孩子则与成人相反，他们大多数时候都对世界给予充分关注。在火车上，他们喜欢坐在窗边，这样就可以欣赏窗外掠过的景色；看到动物园里的动物时，他们会吓得目瞪口呆；无论在什么场景，他们总是指着某处，大喊“看”。然而对成年人来说，这些现象似乎再平常不过。其实这可能是因为孩子们对这个世界太过投入，以至于新奇的事物太多，反倒觉得自己的注意力远远不够。开始他们在做一件事，然后当另一个新奇而迷人的景象或声音出现时，他们就会停下来，注意力完全被吸引。心理学家恩斯特·贝克尔（Ernest Becker）写道：“童年时期我们感叹世间万物的神奇，认为世界充满了……情感和奇迹。”发展心理学家艾莉森·高普妮克（Alison Gopnik）指出，“婴儿和小孩子对事物有无限的好奇心”，他们以热切的视角看待世界，而成年人只有在情感被极大程度激发时才能做到这样，比如当科学家因世界的神奇受到启发，或者当诗人对美感到敬畏之时。

童年时期，我们的世界更加激动人心、色彩斑斓，充满了各种热切的体验，因此我们常常将童年回忆为幸福时光。当我们渐渐长大，不再用热切的眼光看待世界，这个世界也变得死气沉沉、索然无味，我们开始不再关注它。毕竟，为什么要关注上班途中所经过的建筑或街道呢？我们早已看过几千次了，而且它们也并不美丽迷人，它们只是……普通罢了。正如贝克尔所描述的那样："从我们告别童年那刻起，我们就开始压抑自身热切的感观，关闭它，改变它，不再用原始的视角看待世界。"对此，华兹华斯（Wordsworth）在他的名诗《永生颂》（*Intimations of Immortality*）中也有相应的描述：孩童时期，在我们眼中，所有事物"都披着天光"；长大之后，这灵光"在寻常的日光中渐渐消失"。

有一年夏天，我们在康沃尔的一间小屋度过了一个星期。在我们卸车的时候，休坐在砾石车道上玩石头。他坐在那里玩了半个多小时，他仔细地观察每一块小石头，就好像那是无比珍贵的宝石。我提着行李从他身边走过时，不禁想："如此平凡无奇的小东西，却能让小孩子这般痴迷，可真是怪事！"但我马上就意识到这个想法有多么愚蠢。当把车上的东西卸完，我和休一同坐在砾石道上。我拿起几块石头，依次观察后明白了休用这么久观察它们实际上有其道理。它们有趣且迷人，不像我想象的那样是一种普通的灰色石头，相反，它们的材质多种多样，有的是闪亮的银色石头，有的是透明的石英石；有的触感清寒、纹理光滑，有的表面粗糙、凹凸不平。它们形状各异，美丽动人，在阳光下闪闪发光。我觉得自己好像捕捉到了休感知世界的"原始视角"，并且设法唤醒孩童时期的"灵光"。

比例论

我认为对于孩子们而言，时间之所以延伸了很多倍，部分原因是他们异常"清醒"地看待世界。但在详细探讨这个问题之前，我想阐述一些其他理论，以解释为何时间随着年龄的增长而加快。

孩子们感到时间加快是自我意识发展的结果，但这并不能解释为何我们成年后时间依然不断加快，因为到了十五六岁，我们的自我意识已经完全形成。因此，成年之后，显然还有另外一个（或多个）因素导致时间继续加快。

关于时间加快的原因，有这样一个理论广为流传：随着年龄的增长，每个时间段在你的整个人生中所占的比例会越来越小。这个理论大概最早由保罗·珍妮特于 1877 年提出。19 世纪著名的心理学家威廉·詹姆斯（William James）对此描述道："在生命中的某个特定时期，人们所感知到的一段时间长度与生命本身的总长度成比例。比如，10 岁的孩子感觉一年是他一生的 1/10，50 岁的人感觉一年是他一生的 1/50，与此同时，人的一生似乎总保持着当前恒定的长度。"一个月大时，一周是生命的 1/4，所以理所应当，这段时间看似无穷无尽；14 岁时，一年约占生命的 7%，所以这似乎也是一段很漫长的时间；但在 30 岁时，一周不过是生命中的微小部分；到了 50 岁，一年还不到生命的 2%。因此，你会主观地感觉这些时间微不足道，很快就过去了。

这个理论有一定意义，它确实合理地解释了为什么时间稳定而均匀地加快，几乎保持着数学般精密的一致性和连贯性。但是，它的一个不合理之处在于，它试图纯粹地用过去的时间来解释现在的时间。这个理论的前提是，我们始终把当前经历过的生命当作完整的一生，并且对于完整的一生而言，我们感知到的每一天、每一周、每一个月或每一年都变得越来越微不足道。然而，虽然我们时常回忆过去，可我们并没有生活在对整个过去的意识当中。实际上，我们一般以较短的时间段来衡量生活，比如说从前一天到后一天，或者从上一周到下一周，我们的生活内容主要集中在最近的过去和不久的将来，很大程度上独立于过去的时间。

生物学理论

你也可以从生物学的角度来解释时间的加快。有一种理论认为，我们对时间的感知之所以会随着年龄的增长而改变，是因为我们的新陈代谢逐渐减慢。这一理论也有其道理，因为当我们还是孩子的时候，新陈代谢的速度最快；随着年龄的增长，新陈代谢的速度逐渐均匀地减慢了，这一过程刚好符合我们体验到的时间渐渐加快的感受。与成年人相比，孩子们心跳更快，呼吸更快、血液流动更快，在一天 24 小时当中，他们的生物钟实际上覆盖了更多的时间。孩子们之所以体验到的时间更久，是因为他们的生理活动更加快速。就好比一个钟表，它的运行速度比正常钟表快了 25%，即正常钟表走 12 个小时，而它走了 15 个小时；正常钟表走了 24 小时，而它已经走了 30 个小时。这意味着，就这个钟表而言，一天的时间比正常 24 小时更多。另一方面，老人就像运行速度较慢的钟表，比正常钟表走得慢，所以它一天的时间比正常 24 小时要少。

20 世纪 30 年代，心理学家赫德森·霍格兰（Hudson Hoagland）进行了一系列实验，结果表明人们对时间的感知会随体温的不同而发生变化。有一次，他的妻子患了流感，照顾妻子时，他发现当时自己只是离开了一会儿，妻子却抱怨他离开了很长一段时间。霍格兰本着令人敬佩的科学态度，测试了妻子在不同体温下所感知到的时间长短，发现她的体温越高，感受到的时间流逝越慢，一定时间内她所经历的时间越长。接下来，霍格兰又以学生为对象，进行了几次略为残酷的实验——学生们需要忍受高达 65℃的高温，并戴着加热头盔。结果表明，当人的体温提高时，感知到的时间流逝速度会减慢 20%。著名的科学家菲普斯（E.W.J. Phipps）指出了这一理论的重点，即儿童的体温比成年人高，这使时间延长。同理，随着年龄的增长，我们的体温逐渐降低，因此时间逐渐缩短。

我们稍后还将了解到，尽管从目前看来，以上这些理论的确巧妙地解释了心理时间的第一条规律，但这些理论真正的问题在于它们与其他四条规律毫无内在联系。其实，更有可能的是，所有我们体验到的时间扭曲感都源于同一根本原因。

信息论

其他理论认为，心理时间的第一条规律与感知和经历有关。英国心理学家约翰·韦尔登（John Wearden）认为，我们之所以感觉时间加快，是因为我们在回顾过去时，记忆创造了一种幻觉。他的研究表明，在一段时间内，若我们经历的事情较少，记忆就会倾向于“缩小”这段时间；若是经历了很多事情，记忆就可能会“放大”这段时间。随着年龄的增长，我们的生活往往变得更加单调、更加无趣，我们做的事情越来越少，发生在我们身上的事情也越来越少，每一年新的经历体验都不断减少。因此，我们的记忆会缩短这些时光，从而产生了时间加快的感觉。或者就像韦尔登所说：“你不禁会想，今年才刚做了 17 500 件事就已经到圣诞节了，往年我应该已经做完 25 000 件事了。”

19 世纪末，威廉·詹姆斯在其经典著作《心理学原理》（*The Principles of Psychology*）中提出了类似的观点：

> 年轻时，无论是从主观还是客观的角度来看，每时每刻我们都有一种全新的体验。那时，我们的认识鲜活生动，记忆快速强烈，就像在一次短暂而有趣的旅行中的那些时光，我们对那个时代的回忆错综复杂、缤纷繁多、漫长悠远。但每一年都有一些经历被转化为无意识的常规惯例，随后被我们忽略。时光在回忆中被分门别类，分为无数个时间单位，后来的那些岁月变得空洞、塌陷。

詹姆斯与韦尔登有相同之处，他们都认识到了时间和经历之间的联系。不同的是，詹姆斯认为问题不在于经历的数量，而在于经历的新颖程度和感知强度。对于孩子们来说，时间是缓慢的，这是因为他们所有的经历体验都是新的，而且他们对世界的感知更加强烈。但随着年龄的增长，我们的经历渐渐变成了常规惯例，感知也变得不再那么鲜活。

韦尔登与詹姆斯认为，时间加快的感觉并不是我们现在真正拥有的感觉，而是在未来当我们回顾过去时，我们才会意识到的一种错觉。换句话说，在童年时期，孩子们那些新的经历并没有让他们的时间变慢。其真正意义在于，新的经历留给人们更多记忆，因此日后当人们回首过去时，会产生一种当时时间过得很慢的错觉。詹姆斯认为："短短一周的旅行和观光可能在回忆中对应着大概三个星期的时间……显然，回忆中时间的长度取决于这段时间留给记忆的繁杂程度。"

然而，也有可能无论是这次时间加快还是出国旅行期间时间减慢，都并不仅仅是一种记忆，而是当时的一种直观感受。的确，我们只能通过回顾过去来判断时间流逝的快慢，但这并不一定意味着感觉时间加快纯粹是一种追溯现象，它很可能就是我们生活中一种实实在在的体验——时间对于孩子来说，确实比成年人更加漫长，而且与在熟悉环境当中比起来，人们在度假时确实感到时间延长了。当我们回顾过去时，感觉精彩的时光更加漫长，并不是因为它创造的回忆，而是因为我们当时确实有这样的体验。

心理学家曾做过关于估算时间的实验，实验结果与"记忆错觉"这一解释相悖。我们在前文中提到过，当要求人们估计过去了多少时间，或形容不同时间段的时间长短时，年长的人总是比年轻的人估计的时间要少。显然，他们在一定时间内，感受的时间相对较少，而且相比于年轻人，五分钟对于老年人来说流逝得要快得多。这表明时间加快并非由记忆产生的错觉，而是确切发生在此刻的真实感受。

在我看来，我们所体验的时间加快感与我们对周围世界以及自身体验的感知有关，随着年龄的增长，这种感知逐渐改变。

人们对于时间流逝速度的感知，在很大程度上取决于大脑接收和处理知觉信息的数量——信息越多，时间过得越慢。心理学家罗伯特·奥恩斯泰因（Robert Ornstein）在20世纪60年代设计了一系列实验，证明了这一关联。在实验中，他分别为被试播放包含不同声音信息的磁带，比如单一的咔嗒声和家庭噪音，播放完毕，让被试估计听磁带的时间。他发现当磁带中包含更多信息时（例如当咔嗒声增加一倍时），被试估计的时间更长。此外，他发现这一规律也同样适用于信息的复杂性，他要求被试观察不同画作，当他们观察最复杂的图案时，估计的时间最长。

耐人寻味的是，奥恩斯泰因还发现，我们习惯于某种刺激之后，时间似乎会开始缩短。例如在一项实验中，他向第一组被试展示一组有序排列的图像，然后向第二组被试展示无序排列的同一组图像。他发现，观看有序图像的被试估计的时间更短。他认为部分原因是当第一组被试观看“简单编码”的图像时，很快就不再对图像做出反应，因为他们已经熟悉这些图像了，但第二组被试则因为还不习惯这些图像而无法“关掉”自身反应。正如奥恩斯泰因在《体验时间》（*On the Experience of Time*）一书中总结的那样：“在给定时间内，当需要处理的信息量增加时，人们体验的时间会延长。”

我自己也以音乐为变量，设计了一个简单的实验来测试这一规律。在实验中，我让被试听两首曲子，其中一首是拉赫玛尼诺夫（Rachmaninov）的钢琴协奏曲，疯狂而激烈，每秒10个音符；另一首是布莱恩·伊诺（Brian Eno）演奏的乐曲，轻松柔和，温柔平缓地飘过房间。每支乐曲分别聆听了不同的时间长度，然后我让被试估计过去了多少时间。如果时间的感知与信息有关，那么听拉赫玛尼诺夫音乐的被试应该经历了更多时间，因为它比布莱恩·伊诺的乐曲涵盖更多信息——更多音符、音调和不同的乐器，所有这些额外的信息应该会使时间延长。

实验结果是，我们花了 2 分 20 秒聆听拉赫玛尼诺夫的乐曲，被试平均估计的时间为 3 分 25 秒；花了 2 分钟聆听布莱恩·伊诺的乐曲，平均估计的时间为 2 分 32 秒，虽然估计的时间仍然比实际上要多，但多出的时间较少。

如果增加信息可以减缓时间，那么导致孩童感觉时间缓慢的部分原因可能是，他们从周围世界吸收了大量的知觉信息。孩童高度的感知能力使他们不断地吸收各种各样的细枝末节，而成年人却往往对这些东西视而不见，包括窗户上的微小裂痕、地板上爬过的奇异昆虫、照射在地毯上的阳光图案，等等。虽然我们也能够观察到一些较大规模的事物，但是对孩童来说，这些事物的存在似乎更加真实、更加明媚、更加丰富。正是所有这些额外信息的原因，孩子们感知到的时间才更加漫长。同样，我们感到时间加快，因为随着年龄的增长，我们不再以这种新鲜的视角看待世界，我们开始“屏蔽”世界的种种奇迹和美好存在，并且渐渐不再有意识地关注周围环境和自身体验。因此，我们吸收的信息越来越少，时间无法得以延伸，反而流逝得越来越快。我们活着的时间越长，对世界就越熟悉，吸收的知觉信息数量逐年减少，时间流逝的速度逐年加快。

脱敏机制

为什么随着年龄的增长，我们处理的信息越来越少？探索其根本原因至关重要。

在我们的头脑中似乎有一种机制，一旦我们与某种事物接触了一段时间之后，就会对该事物“脱敏”，使得我们的体验不再那么强烈和真实。例如，想想当你走进一个烟雾缭绕的房间，会发生什么事情？刚开始你觉得难以忍受；但过了几分钟，你开始习惯；等到大约半小时之后，另一个人走进房间时，他说：“这烟实在太呛了！你怎么能受得了？”而你会认为他大惊小怪。或者想想当你搬到其他地区，住进新家时，会发生什么事情？刚开始，周围新的环境让你觉得无比真实，你不会错过任何一种新景象、新声音，并为这种新奇感到兴奋不已；但几周后，新鲜感开始消退，环境渐渐变得熟悉，甚至有些枯燥。

在其他国家待一段时间后也会发生同样的事情。正如在假期的第一周，时间似乎过得很慢，但之后环境开始变得熟悉，你就会“无视”它的新鲜感，结果时间会再次加快。我在德国生活的时候就有这样的体会。就像我在前言中描述的那样，开始时，无论是在周围环境还是在我的生活中，处处都充满了新鲜事物，一连几个月，我都沉浸在兴奋之中，无法自拔。但最终我对环境失去了兴奋感，觉得这里枯燥无趣，就像我之前离开的那个沉闷的英国小镇一样，我再也体会不到任何光彩，也没有任何事物能给予我激情。相反，当我回到英国度假时，我又感觉到了新奇感和兴奋感。

当我们对生活的种种习以为常，类似的事情就会发生。举个例子来说，我们不妨想象一下，当一个人坐五年牢被释放出来后会发生什么情形。心理学家发现，囚犯在被释放后会经历几个不同阶段。首先，他们会感到快乐和自由，不难想象，他们不必再一直盯着空空的四壁，可以走在街上，环顾四周的树木和蔚蓝的天空，那是一种多么美妙的感觉；他们还可以拜访多年未见的朋友，参观多年未去的地方。但是一段时间后，通常是从几个小时到两个星期，幻灭的情绪开始出现，他们的体验不再那么热切，自由感被压抑和陌生所取代；与此同时，他们开始怀念监狱的日常和那里的朋友，并意识到外面的生活充满困难。又经过一段时间后，他们开始适应社会，自信心也渐渐恢复，尽管再次被主流社会接纳的困难会抵消这种感受，但困难可能会导致他们再次犯罪、重返监狱。或许在你从严重的健康问题中恢复过来之后，也有过类似的体验，在短时间内，你深刻地意识到了健康的价值，感谢上天赐予你健全的身体，让你免受疾病困扰，但很快你开始不再关注现状，也不再视健康为一种恩赐。

这是我们体验的一个共性，几乎不可避免。但重要的是要认识到，当一些陌生而激烈的事物变得熟悉而平常时，我们的脑海中会产生怎样的变化。适应事物的过程是心理变化的结果，即脱敏机制开始发挥作用。

这一机制的主要目的可能在于节省能量。如果你周围的环境和全部的体验都无比真实，你会花大量时间去关注它们、感受它们，这会消耗大量能量。几千年前，那时生活更加艰难，这对我们的祖先来说极为不利，他们不得不把精力投入到实际的生存考验当中去。为了生存，他们需要反复思考、深思熟虑、集中精力，也许正因如此这种脱敏机制才得以发展形成。此机制有助于忽略周围环境的存在，这样祖先们就不必感知它们，从而有效减少了精力的浪费；同时，脱敏机制使祖先们的体验不再那么强烈，这样他们就不会把注意力集中在种种体验上，能量也因此得以重新应用于各种考量。

在此，我们需要注意，这种机制仅适用于我们的祖先。正如我在《坠落》一书中指出，欧洲和亚洲的大多数现代民族（以及他们在殖民地国家的后代）的祖先都是最早生活在中亚和中东的群体。例如，大多数欧洲人都是印欧人的后裔。考古学家认为印欧人最早生活在俄罗斯南部的大草原；而中东的许多居民是犹太民族的后裔，他们最初生活在现在的沙特阿拉伯。

大量证据表明，一些史前民族和许多当代土著民族并没有经历过特别困难的时期，无须为了生存而苦苦挣扎。例如，人类学家马歇尔·萨林斯（Marshall Sahlins）指出，传统的狩猎民族通常每周只花 12 至 20 个小时寻找食物，剩下的时间则花在各种休闲活动上，比如讲故事、唱歌、聊天等。直到一万年前左右，农业开始在中东出现，生存才开始变得困难。传统的狩猎民族除了食用少量肉类外，他们的饮食与现代素食主义者非常相似（不吃乳制品，只吃各种各样的水果、蔬菜、根茎和坚果，而且全部生吃），他们的饮食可能比现在大多数人更健康。而且相比于后世的人们，狩猎民族更不容易生病，现在我们容易染上的许多疾病是从人类驯养动物并与之近距离生活之后才开始出现的。例如，猪和鸭子传染给人类流感，马传染伤风，牛传染痘疹，狗传染麻疹。虽然我们通常认为农业的出现是人类的进步，但实际上它导致了劳动需求增加、饮食质量变差、疾病增多、寿命缩短。

我们在中东和中亚的祖先是第一批从事农业的群体之一，因此他们的生活在那时就已经十分艰难。在公元前 4000 年左右，他们的生活变得举步维艰，当时严重的干旱把中东和亚洲的大片地区变成沙漠，水源枯竭，土地贫瘠。因此，我们的祖先渐渐发展形成了脱敏机制以应对生活的困难，而当时的其他民族可能并不需要这样做。

脱敏机制能够影响我们对一切事物的感知。其工作准则是，当我们接触新环境或新体验时，短时间内我们能够感知到新事物的真实存在；但从某一时刻开始，机制发挥作用，屏蔽了它们的存在，这样我们就不再关注它们，而新事物也变成了熟悉的事物，我们没有理由再留意，就像街道对面的房子，上班路上经过的建筑，工作中那些熟悉的面孔，甚至是头顶的天空、月亮和星星。就像艾莉森·高普妮克所说的："将我们无意识的感知和孩子们强烈的、有意识的感知相比较，我们基本上留意不到回家途中熟悉的房子和街道，尽管从某种功能意义上来说，我们的确在视觉上吸收了这些图像。"

关于脱敏机制，我们要知道它是固定形成的、不可避免的；随着我们长大成年，它自然地得以发展。这就是恩斯特·贝克尔所说的“抑制”。我们之所以丢掉童年时看待世界的热切视角，是因为成年之后，脱敏机制开始发展。在小孩子身上，脱敏机制可能并不活跃，所以在他们眼中，世界总是充满新奇和惊喜。他们永远都不会习惯于城镇的街道、建筑、树木或人们的面孔，不论见过或体验过多少次，这些事物依旧明媚、永不褪色。因此，孩子们的时间过得很慢。

虽然到我们成年时，这一机制已经完全形成，但是它会让我们慢慢熟悉周围事物，这一过程在我们一生中会逐渐加强。威廉·詹姆斯提出，我们活得越久，对世界就越熟悉，我们吸收的知觉信息就越少，这一点我们之前也谈到过。我们的感知变得不再那么鲜活，越来越多的感知要通过脱敏机制的过滤才能得以传达，而且随着对世界的熟悉感增强，我们从中吸收的信息越来越少。这样一来，时间就会逐渐加快。最后，我们习惯将视觉蒙上“熟悉”的过滤层，看待这个灰色、模糊、失真的世界，我们甚至开始认为这才是正确、客观的方式。

第 2 章

心理时间规律 2：当处于新体验、新环境时，时间会慢下来

当人们第一次离开家乡去上大学，开始时难免会觉得度日如年，以下是一个学生对此的描述：

> 时间过得太慢了，第一学期结束后我回到家里，觉得好像过去了两年。在这三个月中，似乎发生了很多事情。我想我一定离开家很久了，可当我发现家中一切依旧时，我感到十分惊讶。

大多数人在暂时离开熟悉的环境和打破日常惯例时，似乎都有时间减慢的体验。乔·卡巴-金（Jon Kabat-Zinn）是一名佛教徒和科学家，对此，他这样说道："当你去某个陌生的地方，并在那里从事某种新奇事业时，你会感觉时间显著减慢。在一个陌生的城市待上一周，并且做各种各样没做过的事情，回来后，你会觉得自己好像已经离开了很久。"新环境和新体验似乎把时间延长了。回家后，家里竟然会让你看起来有些不习惯；另外，由于你在外的一周比在家的一周更加漫长，你会莫名地期待收到大量邮件和应答机中

的留言，然而实际数目总是少得令你失望。回家后的第二天，你会给朋友们打电话，希望从他们那里听到很多新鲜事；但可想而知，你会发现在你离开的这段时间并没有发生（或者极少发生）新鲜事。

离开你熟悉的环境来延长时间没有什么问题，而另一方面，体验生活中发生的新鲜事也能做到这一点。三年前，我的第一个孩子诞生之后，我对此深有体会。一段时间没见过我的人经常会问："你的孩子多大了？"我告诉他们后，他们几乎无一例外地回答："不，他不可能那么大了！我以为他才……"他们会说一个小得多的年纪。"哇，时间过得可真快！"他们会如此感叹。而我总是会这样回答："对我来说可不是这样，在我看来，他好像都已经出生五年了。"

这是真的——我回顾休出生之前我的生活，就好像是在 20 世纪，流逝的时间似乎远远比实际的要多。在我看来，这是因为自他出生以来，我的生活增添了许多新内容：其一，我们的日常生活发生了翻天覆地的变化，我们得随时准备醒来，晚上不再出去玩，并且把所有的时间都用来照顾这个睡在我们旁边小床上的、无助的小家伙；其二，我必须学习新技能、应对新任务（尤其是在最开始的时候），如给他换尿布、洗澡、换衣服、喂奶、冲奶瓶、使用消毒器，等等；其三，还要观察宝宝在成长过程中不断发生的新变化，看着他学会爬行、走路、说话，对环境的反应也越来越多。这种新的状态减慢了时间，那种时间随着年龄的增长而加快的正常进程，被一系列的新体验中断（值得注意的是，在我们第二个孩子出生后，我还没有注意到有时间变慢的感受，他就快一岁了。这大概是因为面对第二个宝宝，我需要做出的改变和需要学习的新事物少了很多）。

有趣的是，为什么我们总被新奇和陌生的事物所吸引，以及为什么我们喜欢尽量远离当前的环境，原因在于，无论是短短一天的旅行还是较长的假期，这些体验都会使时间减慢。新体验本身就给予了我们一种强烈的活力感，同时也给予了我们一种脱离时间的自由感。托马斯·曼（Thomas Mann）在其小说《魔山》（*The Magic Mountain*）中写道："变化和新奇……刷新我们的时间感……我们在一个新地方的头几天，时间的流逝恢复了年轻的状态，也就是说时间被延长了。"曼认为，这就是我们改变环境和出国旅行的目的。但他也指出，这种情况持续的时间很短，实际上他认为具体是六至八天，这取决于熟悉程度。他写道："一个人一旦'习惯了这个地方'，就会感到时间逐渐缩短……直到最后一周或最后一个月，时间会短暂得不可思议，几乎转瞬即逝。"

曼彻斯特机场的调查

为了检验第二条规律，有一年夏天的某个下午，我和一个朋友去曼彻斯特机场的候机厅进行调查。在两个小时的时间里，我们向 220 名几乎都是刚度假回来的旅客问了三个问题："您去哪里度假了？""您在那里待了多久？"以及最重要一个问题"您是否觉得您离开的时间比＿个星期 / 天要久？”我们经常需要通过进一步询问来阐释最后一个问题：“您是否觉得这一星期 / ＿个星期变得更久了？”或者“您是否感觉时间加快或减慢？”结果表明，陌生感在一定程度上确实会造成时间延长：61% 的人认为他们离开的时间比实际旅行的时间长，或者感觉他们度过了“漫长的一周或两周”；但另一方面，14% 的人说时间流逝的速度和往常一样，而 25% 的人感觉他们离开的时间短于实际时间，或者时间过得很快。

尽管调查结果可能没有我预期的那么显著，但基本可以验证第二条规律。然而在此需要注意的一点是，去度假并不一定意味着面临新环境和新体验。我们采访的很多人都是从海滩等度假胜地回来的，去那里度假的人通常很少接触该国真实的文化。此外，许多说时间过得更快了或者和往常一样的人都提到，他们之前就去过那些度假地点很多次了。一位女士告诉我，她已经连续 25 年去马耳他度假；另一对夫妇告诉我，他们每年都去土耳其，并且住在那里的同一家酒店，这种习惯已经持续了九年。有趣的是，不同的地点显示出不同的调查结果，我们采访了 56 位刚从墨西哥回来的人，其中 38 人（68%）说他们觉得离开的时间比实际时间长，只有 4 人（7%）感觉比实际时间短，另外 14 人（25%）感觉时间流逝的速度和往常一样。从佛罗里达回来的人也给出，大致相同的答案：在被采访的 36 人中，25 人（70%）认为他们离开的时间长于实际时间。与此相反，我们采访了刚刚从土耳其度假胜地回来的 44 人，只有 16 人（36%）觉得他们离开的时间比实际更长，有 22 人（50%）说他们感觉时间过得更快了。我认为，这可能是因为去墨西哥和佛罗里达度假通常比去土耳其度假更加新奇刺激，他们的旅行内容更丰富，充满了陌生感（事实上，其中一些去墨西哥和佛罗里达度假的人的确告诉我，度假期间他们一直在那里四处旅行）。如果假期的大部分时间你都在海滩上或酒吧里放松、阅读和聊天，很少接触陌生事物，这样一来，时间过得并不会比你坐在办公室或家中客厅里要慢。

值得注意的是，人们外出的时间和他们对时间的感知之间似乎也存在着某种联系。大体上，外出时间较短的人更容易产生时间延伸的感觉；这就验证了托马斯·曼的说法，即在一个新的地方待六到八天后，时间会再一次加快。虽然我们采访的大多数人都在外待了两个星期或更久，但是有 62 人外出的时间为 2.5 ~ 11 天，在这些在外时间较短的人当中，更多的人（71%）感受到了时间变慢。究其原因，我想大概正如曼所说的，人们在一个新的地方待一个星期左右，就会熟悉那里。也的确有几个人对我们说了类似的话，他们说："第一个星期时间似乎过得很慢，之后就加快了。"或是说："我感觉好像在那里待了很久，但最后几天的时光却一闪而过。"其他人提出了一些有趣的评论："当你度假时，时间过得很慢；但是当你返回时，时间变得太快。"也有人说："当我出国工作时，会觉得自己离开了很长一段时间；但是当我轻松地度假时，时间仿佛不再漫长。"①

① 测试这条规律的理想实验应该涵盖一种"陌生指数"，即根据人们所接触到的新体验评估出行情况。然而，在本书中无法详尽地解释这一实验过程。

孪生兄弟的例子

心理时间的第二条规律的有趣之处在于，它向我们展示了对于同一段时间，两个人会产生多么迥异的感受。在这里我们可以引用孪生兄弟的例子，这个例子常被用来解释相对论。假设有一对30岁的孪生兄弟，其中一人决定放弃工作，到世界各地旅行一年；而另一人则继续过着平常的生活，上班工作、照顾孩子。对于外出旅行的那个人来说，毋庸置疑，这一年的时间会很长；而对于他在家中的兄弟而言，这一年会匆匆逝去。所以他们再次见面时，前者可能会说："好久不见，和你重逢实在太惊喜了！"而后者大概会说："你好像昨天才刚刚离开。"

换句话说，这条规律表明，两个人在同一段时间内有可能体验不同长度的时间。这一年里，在外的那个人所体验的时间比他的孪生兄弟多，他也相对拥有了"更多"的时间。因此从某种意义上说，如今他比他的孪生兄弟活得更久一些。在后文中我们会明白，当我们回忆自己的一生究竟活了"多久"时，或者我们有多大可能控制时间时，这条规律会起到重要作用。

当然，我明白以上所有关于时间的判断都是回顾性的。我们一直谈论的是，当一天、一周或一个假期结束时，回顾过去的时间，然后意识到它的流逝速度有多么缓慢。但是你可能会问，那么现在呢？此时此刻我们对于时间的感觉如何？在这个特定的时刻，时间是变慢了还是快了？其实，我们只能通过回顾过去来意识到时间的流逝。我们无法感知时间在某一特定时刻变慢或变快，因为我们感知不到流动的时间，只能感知静态的当前时刻。我们随着时间流动，身处时间当中，所以无法测量它。只有当我们停下来回顾过去时，才能做到这一点。正如对老年人而言，时间确实变快了一样，当你在外休假或度过周末时，时间也确实变慢了，即使你只能通过回顾过去才能意识到这一点。

新体验和旧体验分别带给我们怎样的感受

为何感知不再鲜活

有两个原因导致我们的感知变得日益熟悉、不再鲜活。其一，正如威廉·詹姆斯和约翰·韦尔登所指出的那样，随着年龄的增长，生活中的新鲜感逐渐减少。一个女人在 20 岁时，她的生活依然充满新体验，她仍在探索新的音乐、食物、文学和兴趣爱好，她可能正在经历第一次认真的恋爱关系，学习开车，第一次出国，去居住地附近新的城镇和乡村游玩，等等。当她体验新事物时，脱敏机制不再工作，她以“原始体验”去感知世界，处理大量的知觉信息。

这个女人在 30 岁时可能还会有一些新体验，她可能怀孕，或去一个从未去过的国家，学习一门新语言，或是开始一份新的职业。但当她 40 岁时，她对世界的不熟悉感少了很多，她的生活可能主要是重复从前的体验，那些她早已有过成百上千次的体验，比如做过去 20 年来做过的工作，回到过去 10 年来居住的房子，用 20 岁时的兴趣爱好打发空闲时间，每周末去同一个乡村，每年去同一个国家，等等。由于不断重复的体验，脱敏机制对她的控制开始加强，使她几乎无法逃脱。因此，她吸收的知觉信息要少得多。

但是，如果仅凭这一点来解释为什么随着年龄的增长，时间加快而且感知不再鲜活，那么 40 岁和 60 岁的人对于时间的感知便不会有太大差别。因为到了中年时，大多数人几乎已经不再有新体验，所以这并不能合理地解释为什么在此之后的不同年龄阶段人们会感觉时间似乎过得更快。不过，还有第二个原因可以解释为什么我们的感知变得陈旧、没有生气——随着年龄的增长，重复的体验模式变得更加熟悉，逐渐失真。每一次看到家乡的建筑和街道、每一次去同样的商店和酒吧、每一次做日常重复的工作，甚至每一次带着狗散步，脱敏机制就会从这些体验中过滤掉更多一点的真实感，所以你对它们的关注就会更少一点，吸收的信息也就变少了。借用威廉·詹姆斯的话来说，“每年都会有一部分体验被转化为无意识的惯例”。一个女人在 20 岁时不仅能够体验许多新事物，而且对现象世界的感知依然充满热情，但是在接下来的 20 年里，她会看到几十万次同样的街景、同样的天空、同样的树木，事物的真实感就此不断消失。

但我必须说明，并不一定每个人都是这样的，在某种程度上，这取决于我们选择的生活方式，也取决于我们选择如何回应自身的体验。事实上，许多人都满足于将生活保持在一个相当狭窄的体验范围内，这无异于助长了熟悉化的过程，或者说至少没有采取任何行动抵抗它。如果我们渴望有所改变，可以有意识地去接触陌生的环境，到从未去过的国家旅行，培养新的兴趣爱好，或者偶尔换个工作。换句话说，我们可以利用心理时间的第二条规律来停止时间加快的过程，或者至少是减缓这一过程（在第 8 章中，我会详细地阐述如何通过有意识地接触陌生体验来延长生命）。

同样，生活中可能会出现某些事件，带来大量前所未有的新奇体验，由此打断时间加快的进程。这些事件可能是极其重大、性命攸关的事件，比如战争、离婚或丧亲。最近，当我遇到物理学家、《时间的终结》（*The End of Time*）的作者朱利安·巴布尔（Julian Barbour）时，他说自己并没有感觉到时间随着年龄的增长而加快，因为自从他的书在几年前出版，他遇到了许多新鲜事，生活比以往任何时候都充实。最近在我教授的一门课的课堂上，一位女士告诉我她也没有感到时间加快，因为自从两年前退休以来，她就借此机会参加各种课程，学习了很多新知识。正如我在上一章中提到的那样，在过去的三年中，我也未产生时间加快之感，因为自从我的第一个孩子诞生以来，生活中充满了种种新体验，也许不久之后时间会再次加速，尤其是在两个孩子都上学之后。我经常听到有些父母说："真不敢相信孩子们这么快就长大了，好像昨天他们还在蹒跚学步。"或是："享受此时此刻吧，因为某天你会突然发现孩子们都快要进入青春期了。"毫无疑问，我在未来也将会体验到这一点。

第二个原因是，有些人似乎不像其他人那样容易受到脱敏机制的影响，而是以更加真实的方式对自身体验做出反应。他们的一生都始终保持着以孩子般新鲜的、原始的目光看待世界。有时他们被周围的人视为怪人，他们经常以“难道这不奇妙吗……”“你是否好奇……”这样的句子开头；他们可能会在街上突然停下，仰望日光破云而出或是银月高悬屋顶的美丽景象；他们可能会凝视大海、花朵或者动物，仿佛从未见过它们。正如艾莉森·高普妮克所说，诗人和艺术家往往带有这种“孩子般”的目光。事实上，这种目光通常为他们的工作提供了灵感，他们对大多数人认为理所当然的事情感到好奇，认为有必要去捕捉和定格强烈的感觉。毫无疑问，一些科学家也是如此，他们可能不会被理查德·道金斯（Richard Dawkins）所描述的“熟悉感的麻醉”影响，对于那些大多数人认为理所当然的现象，他们会感到好奇，渴望去理解和探索。这些人受心理时间第一条规律的影响要小得多，虽然时间对他们来说可能同样会加快，但加快的速度要慢得多。

处理信息使时间得以延伸

在此，我要强调的是，信息论并非导致时间加快的唯一因素。我们之前说到孩子们之所以感到时间漫长，除了因为他们比成年人吸收更多的知觉信息，还有另外一个原因，即他们的自我意识发展程度较低。在自我意识发展之前，婴儿似乎处于时间之外，随着自我意识的发展，他们逐渐形成了顺序感和时间连续感。对于在第 1 章中我们讨论过的比例论和生物学理论，我也保持开放的态度。它们确实有可能增强了熟悉化的影响力——随着时间的推进，每一年在一生中所占的比例越来越小；新陈代谢减慢，体温下降。然而，我认为信息论是主要因素，因为它同时充分解释了我们体验到的另一种时间扭曲。

总的来说，关于我的统一时间理论，其中两个核心理念之一与詹姆斯和奥恩斯泰因的理论大致相同：“时间流逝的速度与我们吸收和处理的信息量相关。”或者我们可以引用另一位研究者玛丽安娜·弗兰肯豪泽（Marianne Frankenhauser）对此的解释，这位瑞典心理学家将人们对时间的感知和信息联系起来，她说：

> 我们可以假设，人们对某段时间的体验与这一时段内的体验总量（感觉、感知、认知与情绪过程等），即心理内容的数量有关。

我们处理的信息越多，或者说心理内容越多，时间过得越慢；我们处理的信息越少，时间过得越快。换言之，对我们来说，我们体验到的时间长短在很大程度上取决于我们对周围世界的关注程度，以及对事物真实感的吸收程度。信息处理与专注状态之间的关系可能令人困惑，当你听一场趣味横生的讲座或读一本受益无穷的好书时，你便处于专注状态，在这种状态下，通常会有一些信息输入，但是专注会让时间过得更快，而信息处理往往会延长时间，那么它们如何相互作用，对时间产生影响呢？我们将在第 3 章中探讨时间为何在专注状态下加快，在分心状态下减慢，到时候我们会详细处理这个问题。

心理学家认为，人类神经系统每秒钟能处理多达 126 比特的信息，大约每小时 50 万比特。从这一方面来看，由于孩子们对周围世界格外“清醒”，因此他们平均每小时能够处理大量的信息。脱敏机制的目的在于减少我们接收的信息数量，因为处理这些信息会消耗注意力和精力，它们原本可以被用于其他地方，发挥更大的作用。因此，随着年龄的增长，脱敏机制把越来越多的体验熟悉化，使得我们平均每小时能够处理的信息数量逐渐减少。

处理信息使时间得以有效延伸这一理念充分解释了心理时间的第二条规律。例如，当我们身处另一个国家，我们其实再一次变成了孩子。周围的一切都变得那么新奇、那么陌生、那么真实，即便你试图把注意力集中在无聊的幻想或消遣上，也会不由自主地被周围环境所吸引。你再一次以原始的感观体会这个世界——陌生的建筑、不熟悉的语言、飘浮在空气中的奇特食物香气和香料味道、不同的空气温湿度、不一样的城市交通的嘈杂声，等等。你不再执着于自己的思想和行动（至少比在家时少了很多），全心全意地感受世界。用詹姆斯的话说，“短暂而有趣的旅行”带给我们孩童般“生动的感知”，或者就像艾莉森·高普妮克所说的：“当成年人面对不熟悉的事物，比如爱上刚认识不久的人，或去陌生的地方旅行时，我们对周围和内心的感知会突然变得更加生动、强烈。”

我们之前了解到，这一规律也适用于个人体验。当你体验任何新事物时，比如第一次飞行、第一次性体验、工作的头几个月、获得驾照后第一次自己开车等，你的体验总是比脱敏机制发挥作用之后更加真实、强烈。

现在，我们不妨将在家乡街道上乘坐公共汽车的体验与在印度城镇街道上乘坐公共汽车的体验进行比较。在前一种情况下，你几乎不会注意周围的环境，只要留心公交车朝着正确的方向行驶，你在正确的车站下车就够了。但在印度，你开始进行有意识的感知，如饥似渴地感知存在的一切，不断凝视周围的人、路过的建筑物和异国的街景。如此一来，在同样的半个小时内，你吸收了大量的信息，时间流逝得也慢了许多。

第3章

心理时间规律3：专注状态下，时间会加快

我曾采访过一位年轻人，他向我讲述了当他玩游戏机时，感知到的时间和平时不一样，以下是他对此现象的描述：

> 时间就这么消失了。我全神贯注地打游戏，完全忘了时间。当我放下游戏机时，才发现竟然过去了这么久，几个小时就这么不可思议地转瞬即逝。有一次，我连续玩了12个小时的游戏机，如果当时有人让我猜一猜过了多久，我会说才过去了三四个小时。

我的一个朋友对我说，她也有过类似的体验。当她专注做某事时，时间流逝的速度加快。她订了一张从马来西亚北部到新加坡的长途汽车票，这段路程长达12个小时。为此，她忧心忡忡，不仅顾虑路程中的无聊和不适，还担心她的偏头痛会引发晕车。然而意外的是，实际上这次路程相当愉快：

> 实在太幸运了，客车上有一部放映机，上车没多久，车上就放映了电影《泰坦尼克号》(*Titanic*)。我以前从没看过这部

影片，因此完全沉浸在电影当中。就这样，我忘记了时间。这是一部很长的电影，大概四个小时，等电影放映完，我才回过神来。紧接着我便意识到路程已经快行驶到一半了，然而对于我来说似乎才刚刚开始。突然之间，我感觉这段路程似乎没有那么漫长了。接下来，车上又放映了另一部电影，我也看得十分投入。等电影结束时，余下的路程又大大缩短了，这些电影为我营造了一种“时间黑洞”——时间依旧不停地流逝，而我却不再随之流动。

然而，专注并不仅仅意味着全神贯注于某项娱乐当中，比如电视或电脑游戏，更为准确地说，它还意味着保持一种“忙碌”状态。也就是说，当你忙于一项活动，无论是做饭、写电子邮件还是经营一家报社，只要你完全专注于此，并且除此之外再感知不到任何自我的想法以及周遭的环境，你便处于全神贯注的状态当中。几年前，我在一家非常安静的超市买完东西结账，那个收银的女孩看起来闷闷不乐。“今天这里很安静，是吧？”我对她说。“是呀，”她回答，“这可真糟糕，我讨厌安静的时刻，时间过得太慢了。”她的反应着实让我惊讶，我以为如果一个人必须从事一份单调的工作，那么他应该不喜欢过于忙碌。但我没有考虑到当人们在无所事事时，时间会减慢。几天前，我在另一家超市明白了这一点，当时超市还有几分钟就要关门了，在收银台的那位女士看上去神采奕奕，于是我问她：“你今天过得愉快吗？”“很愉快，”她说，“一直在忙，时间过得太快了。当你忙得不可开交时，一抬头看时间，就会发现已经过去四个小时了。”

漫漫一生中，大多数人在大部分时间里都处于一种中度专注状态，将注意力集中在某项活动或某项娱乐上。一天当中，我们花八个小时潜心工作（用心的程度取决于工作的要求和趣味）；部分空闲时间会为自己安排一些其他活动并投入其中，比如做家务和手工；还有大量的空闲时间，我们会沉浸于电视节目或其他娱乐项目中，比如阅读杂志或玩游戏。但是这种中度专注是一种很平常的状态，通常只有当我们高度专注时，才会注意到这一规律的影响。电脑游戏素来以其“吞噬时间”的效果闻名，与其他家庭娱乐相比，电脑游戏需要更高的个人参与程度和更多的注意力，因此大大提升了人们的专注程度。此外，当我们观看扣人心弦的电视节目、电影、体育比赛，或者阅读引人入胜的书籍时，也会进入一种高度专注状态。在这种状态下，我们忘记了自己，忘记了周围环境，忘记了时间，我们仿佛置身于时间之外，或者借用我那个在长途汽车上看电影的朋友的说法——我们好似滑入了一个“时间黑洞”，时间依旧不停流淌，而我们不再随之流动。我们暂时忽略了时间的流逝，等到重新感受它时，总是会惊讶于那些已经逝去了的时间。

这一规律的种种效果已经经过了众多研究人员的大量实验验证。在心理学理论中，对此的表述为：“在一段待估的时间间隔内，若出现了某种饶有风趣或需要注意力高度集中的因素，那么需要处理的时间单位就会变少，故而人们倾向于低估这段时间间隔。”换句话说，在特定的一段时间内，你越关注某事，就会感觉这段时间越短。在霍金斯（D.R.Hawkins）和特尔福德（C.W.Telford）的一项研究中，被试们听了不同散文段落的录音，相较于那些所听内容枯燥的人而言，所听内容有趣的人认为经历的时间更短。1994年，索耶（J.M.Sawyer）等人的一项研究发现，在要求被试完成更复杂的任务时（这需要注意力更加集中），他们也会认为自己经历的时间变短了。

我自己也做过一个这样的实验。我把参加演讲的30位听众分成两组，给第一组的人一张表格，上面写着中文数字“一”至“十”（按照发音标记），然后要求他们尽力记住；与此同时，让另一组人什么也不做，只是盯着窗外，静静地畅游在自己的思绪当中。4分30秒后，计时停止，我让两组听众分别估计过去了多少时间。没有任务的那组人估计的时间平均多出50秒，比实际时间要长；而被要求记数字的那组人估计的时间比实际时间略短。我重复了几次这个实验，结果大同小异。记忆数字的人或多或少处于一种专注状态，所以对他们来说，时间加快了。

在另一个实验中，我把学生分成两组，每组七个人。开始前我只告诉他们，一会儿要读一些关于时间的资料，之后会对此进行讨论。我为第一组准备的是一篇通俗易懂、趣味性强的文章，而第二组是一篇复杂冗长、学术性强的论文。过了一会儿，我要求他们先写下自己感觉过去了多少时间，并为所读内容的可读性按照一到十的等级进行评分。阅读学术论文的那组平均估计的时间更长，超出了一分钟。学生们对学术论文的可读性评分也较低，平均为四；而他们对趣味文章的可读性评分为七。学生对文章的兴趣程度与他们所感受的时间长短联系紧密：兴趣越低，感受的时间越长。

主动专注和被动专注

专注不仅有程度的差别，还可分为两种不同的类型：被动专注和主动专注。被动专注是指被动集中注意力，专注而不投入，比如当我们看电视时，有时会进入这样的状态。主动专注是指主动集中注意力，专注且投入，当我们在工作中做一些有难度、有挑战性的任务时，更容易进入这种状态，比如演奏乐器、修理汽车或者撰写故事。

从心理的角度来看，这两种专注差别很大。主动专注（或投入）通常会带来一种幸福感，让人感觉活力充沛；被动专注（或消遣）则往往产生相反的效果——会带来一种茫然感，让人感觉失去活力，就好像全身精力被消耗殆尽。然而，对于时间的感受而言，它们之间似乎没有什么区别，无论你是主动投入一场象棋比赛或画一幅画，还是被动沉浸于电视节目，你所能感受到的时间流逝速度都是一样的。心理学家米哈里·契克森米哈赖（Mihaly Csikszentmihalyi）研究了"主动专注"状态，他称其为"心流"（flow）。对此，他的一点发现："当人们处于心流状态时，一小时仿佛在一瞬间就过去了；一般情况下，大多数人反映说时间似乎过得快了许多。"美国人类学家爱德华·T. 霍尔（Edward T. Hall）在《生命之舞》（*The Dance of Life*）一书中也指出，投入会使时间过得更快，并且给出了例证："一位来自瑞士的颇有才华的电影制作人，在两餐之间的几个小时内一直专心致志地工作，她以为仅仅过去了几分钟。当她突然感到饥饿，才发现已经过去好几个小时了。"一位棋手这样告诉研究员瑞亚·A. 怀特（Rhea A.White）："当我完全投入比赛时，时间过得快了一百倍。从这个意义上说，感觉像是在做梦。"

如何更好地消磨时间

当我们面对很长一段时间却不知如何安排，或者处于一种兴味索然的情形时，我们就会利用心理时间的这一规律来扭转局面。如果你要参加一次漫长的旅行，或者在医院或牙科诊所等待很久，抑或只是夜晚在家无事可做，你的第一反应就是找点事情做，从而脱离现状，让时间过得更快。在牙科诊所等待时，你会翻看杂志或者玩填字游戏；在清晨乘地铁上班时，你会听音乐或者看书；晚上不得不待在家里时，你会看一部电影。你之所以这样做，并非因为对这些东西感兴趣，而是想要脱离时间的桎梏，摆脱眼前百无聊赖的时光，哪怕只是让时间过得快一些。我们往往会把帮助我们打发时间的活动称为"消遣"，即有助于时间快速流逝的活动。

这就是我所说的"消磨时间"，我们使用种种消遣试图把不想要的时间从生活里抹去。从某种意义上说，这毫无意义。我们希望活得更久，并且试图通过锻炼身体和保持健康饮食来延长寿命；但是当我们消磨时间的时候，时间流逝得更快了，如此一来，我们实际上是在缩短我们的生命。然而，从积极的方面来看，这不失为一种控制自我感知时间的好办法，可以让时间按照我们的心意流逝，而非任由时间摆布。

心理时间的这一规律也体现在一句俗语中："快乐的时间总是短暂的。"从广义上看，"快乐"就是一种专注。在做运动、看体育节目、听音乐或和朋友聊天的过程中，我们会感到快乐，也很享受。在这些时刻，我们完全沉浸于某项活动或某个场景，这意味着时间流逝的速度加快了。因此，当我们说"快乐的时间总是短暂的"，其内在的含义是"专注状态下，时间变得很短暂"。

顺便提一下，就此观点而言，这条规律和第二条规律之间可能有些矛盾。难道在国外时我们没有完全沉浸其中吗？难道不能像投入电脑游戏或撰写故事那样，沉浸于陌生事物吗？如果可以，那为什么在第二条规律中时间减慢，而在这条规律中时间加快呢？

其实，这只是一个很简单的信息感知问题。看电视或玩电脑游戏时，你的注意力完全集中于此，以至于把周围的其他事物都屏蔽了，这种专注实则在阻止你接收任何其他信息的感知（除了电视节目或电脑游戏本身）。但是当你被陌生新奇的事物包围时，你的注意力不仅仅集中于某种特殊的物体，而是向所有事物敞开，仿佛变成一个覆盖全场的探照灯，而非狭窄的光束，这种探照灯式的注意力允许你处理大量的知觉信息。事实上，在我看来，"专注"一词并不能恰当地形容这些情形下我们所处的思想状态，因为这个词意味着将全部的注意力集中在某个特定的事物上，在此使用"注意"或佛教术语"正念"二词可能更加贴切。

为什么在专注状态下，时间会加快

几年前，我的一位同事做了肿瘤切除手术。他全身麻醉了好几个小时，当他醒来时，他不觉得已经完成了手术，因为似乎完全没有感到时间流逝。“这几个小时似乎莫名消失了，”他说，“上一秒钟我还在和麻醉师聊天，他给我打了麻醉剂，下一秒钟我就醒了。”

手术中，这是一种常见的体验，从“被麻醉”到“醒来”之间的时间往往会消失不见。一位患有癫痫的女性有过类似的体验，她说当自己癫痫发作时，“时间不再流逝，从开始发病到好转，时间完全停住了，但是对于其他人来说，时间仍然在向前走，就好像别人在绕道而行，而我始终在主道行走，我的一步相当于他们环路行走一英里。”

从昏迷中醒来的人有时也会有这样的体验，他们可能昏迷多年，但觉得自己仿佛只是睡了一觉。奥利弗·萨克斯（Oliver Sacks）在《觉醒》（*Awakenings*）一书中描述了他如何使用左旋多巴唤醒在20世纪20年代昏迷的人，这些人的脑组织感染了一种被称为“昏睡症”的疾病。即便有些病人觉得自己仍然生活在20世纪20年代，自己还十分年轻，但是他们在失去知觉时，还能够感到时间的流逝；而有些病人觉得这几十年来，用萨克斯的话说就是“主观上感知不到任何时间的持续”。萨克斯推测，正因为如此，一些病人才能够轻易地“继续昏迷之前的生活”，恢复之前的活动和行为，就好像他们只不过睡了一觉而已。如果他们体验到了时间的流逝，那么他们肯定会忘记从前的行为模式，而不是对40年前发生的事情记忆犹新，这些记忆理应渐渐褪色才是。

睡觉时，时间也常常以类似的方式消失，但是早上醒来后，我们总会有时间逝去的感觉。有时，短暂的睡眠之后，我们感觉过去的时间可能会比实际过去的时间要长得多，如果我们在此期间做了生动的梦，那么这种效果尤其强烈。但实际上，更为常见的是与此截然相反的体验：早晨你被闹钟吵醒，按下按钮，打算再睡几分钟，然后你猛地惊醒，突然意识到已经过去了半个小时，上班已经迟到了，小睡一会儿往往比你以为的时间更长。在我最近的一次讲座之后，一位女士留了下来，她是监狱里的一名教师，对我关于麻醉状态下时间消失的描述颇有共鸣，这让她想起了囚犯们如何试图用睡觉来度过监禁时光。她工作中接触到的囚犯总是尽可能地让自己保持最久的睡眠状态，每天睡觉长达 12 个小时，试图以此让时间过得更快一些。从理论上看，这的确会奏效，假设在其他方面，他们对时间的体验是相似的，那么相比每晚只睡七小时的人而言，睡 12 小时的人体验到的时间更短，几年下来，这必定是一个显著的差异。

然而，对于短时间的小憩，是否做梦才是影响最大的因素。做梦时，我们确实能感觉到时间的流逝，因为我们的意识仍然在吸收和处理信息。不仅如此，似乎时间有时会在梦中大大延伸，几分钟的时间能够在梦中延长至几个小时（时间的延伸是由于另一个因素，即自我意识在睡眠中消散，我们将在第 5 章中谈到这一点）。但是当我们不做梦的时候，时间似乎就消失了。据科学家研究，我们每晚做梦的时间仅为 1.5 ~ 2 小时。

虽然看电视时效果较弱，人们也会有类似的体验。心理学家、《插电的毒品》（*The Plug-in Drug*）的作者玛丽·温（Marie Winn）指出，电视与毒品的功能相似，二者都能使我们逃离现实。

> 与毒品或酒精并无不同，电视可以让观看者忘记真实世界，进入愉悦和被动的心理状态，就像毒品或酒精能够引发幻觉那样。专注于电视节目时，现实中的忧愁和焦虑就被抛到脑后了。

从这方面看来，看电视和睡觉大同小异。当我们看电视时（这也取决于我们看的是什么样的节目），我们实际上往往并不清醒，也没有真实地生活在此刻。我们体验的是一种高度专注状态，仿佛催眠一般，进入一种“假死”状态，我们处于时间之外，忘记了自己和周围的一切。因此，在不经意间，几个小时就过去了。

这种体验就好似“真实世界”消失了，时间也随之消失。重点在于当你处于麻醉、昏迷、睡眠或看电视时，你意识不到周围的现象世界，不再关注它，因此无法从中吸收任何知觉信息。虽然从电视上确实能够吸收一定程度的信息（节目的图像、声音和实际内容），但相较于现象世界提供的丰富多彩的感官印象和体验，这实在是微乎其微（仅仅包含少量的信息）。

另外，在这些状态下，大脑通常也会减少运作。心理活动也是一种信息，包括思想、图像、记忆、幻想、做梦等，但是处于麻醉状态或专注于电视节目时，这一活动便停止了，所以我们无法处理从中接收到的任何信息。

心理时间第三条规律的关键在于，所谓“专注状态下，时间会加快”，是因为在这些时刻，我们处理的知觉信息和认知信息很少。在低度专注状态下（比如，读一本略显乏味的书或者看从前看过的电视节目），你会给予周围环境一定程度的关注，因此会从中吸收一些知觉信息，这意味着时间以正常的速度流逝。但是，在高度专注状态下，你将全部的注意力投放到你所关注的对象上，以至于完全失去了与现象世界的联系。因此，你吸收的知觉信息过少，从而有“时光飞逝”之感。

当然，在这些情况下，除了知觉信息之外，你可能还会吸收和处理其他类型的信息。当你全神贯注于某一特定活动时，总会产生一些信息输入，这难道不应该抵消专注状态下的时间加速效应吗？但是，即使演讲或书籍再有趣，它们也只会产生少量的信息输入；相比之下，在城市里漫步半个钟头，或者乘坐公共汽车观察经过的建筑和行人，产生的信息输入要多很多。当我们的注意力集中于某一特定信息源时，我们就无法接收从四面八方向我们飞来的无数感官印象。因此，我们真正接收到的信息输入很少，它几乎无法影响我们对于时间消逝的感觉。

在我的课程编排中，我通常会添加一节引导式冥想课。之所以这样做，不仅是因为我认为冥想是一种延伸甚至超越时间的方式（本书将在稍后介绍），还因为我想了解冥想如何影响学生们对于时间的感受。结果我发现，学生们所估计的时间总是比实际过去的时间短，冥想大约持续 15 分钟，而大多数人估计的时间为 7 到 11 分钟。这一结果体现了心理时间的第三条规律：学生通过静止、合眼来封闭自己对知觉信息的接收，他们全神贯注地遵循着我给他们的指示，以减少头脑中的思维信息。换句话说，他们处于高度专注状态。人们有时会在冥想中睡着，在这种情况下，他们估计的时间往往更短，通常为三到五分钟。偶尔也会有相反的效果，或者有人估计的时间过长。例如，在最近的课上，我们冥想了 13 分钟，有两位女士却分别估计了 16 和 20 分钟，而这组其他人的平均估计时间为七分钟左右，我们稍后会详细地讨论其原因。在冥想的深层状态下，我们升华了平日的自我意识，而且在这一过程中，我们似乎超越了时间。另外，在那组学生中，只有我那两位估计时间偏长的女士以前做过冥想，且估计时间为 20 分钟的那位女士经常定期做冥想训练，我认为这是影响她们估计结果的关键因素。

忙碌一定能让时间加速吗

并非所有的“忙碌时间”都加速流逝，这取决于忙碌的种类。有这样一种状态：虽然忙碌却无法专注，至少无法做到常规意义上的专注，所以它不能起到“缩短时间”的效果。

社会学家加里·艾伦·法恩（Gary Alan Fine）研究了餐厅厨师如何感知时间，他发现厨师往往会体验到三种不同的“时间扭曲”。

当顾客不多、比较清闲时，时间好似过得很慢（心理时间的第四条规律，稍后将讲到）。在忙碌时，他们对时间的体验又分为两种：忙碌且事事顺心时，好似感知不到时间的流逝，不知道时间都去了哪里（心理时间的第三条规律）；但当他们忙碌却进展不顺时，时间就会过得很慢，这通常发生在最忙碌的时刻，大量繁杂的要求和众多需要考虑的事情从四面八方扑面而来。

我的一个学生也做了类似的描述。他在足球赛前兼职销售比赛场刊，虽然他大多数时候并不忙，时间似乎过得很慢，但是一紧张忙碌起来，情况完全变了样。

> 我需要在比赛前三个小时开始售卖比赛场刊。最初的两个小时，我总是感觉度秒如年，没有几个人来买，大部分时间我只是目光放空、胡思乱想、无聊极了，时间过得实在太慢了，我常常问自己，开赛前的这段时间我该怎么过。
>
> 但在开赛前 45 分钟，我就开始忙碌起来。到了赛前半小时，人们将我团团围住，我卖出了多达 300 份比赛场刊。在特别的日子，我甚至会更忙，有时候会有十几个人同时围在我身边，蜂拥而上把钱塞给我，有的是硬币，有的是纸币。虽然卖比赛场刊听起来好像完全不用动脑子，可一旦忙碌起来，它实际上需要很多技巧，我必须集中精力，同时极为快速地做一些相当复杂的事情，我必须把硬币和钞票收好，放在钱袋里的正确位置，再从钱袋的其他位置取出数目正确的零钱，找给人群中相应的人，然后给他一份比赛场刊。所有的事情我只能用一

只手做，因为另一只手得举着比赛场刊，这样其他人一过来就可以看到了。与此同时，我还得高喊比赛场刊的名称，以吸引其他人过来买。

有一天，我度过了一段无比忙碌的时间，当时我忙得团团转，速度快到双手似乎在我面前模糊了。在下午2点30分至2点35分之间，我卖了大约50份。我记得很清楚，当时我看了看手表，发现竟然还有25分钟开赛。我诧异极了，以为已经至少过去15分钟了。在这五分钟里，时间似乎过得很慢，因为我实在太忙了。

这似乎与心理时间的第三条规律相矛盾——毕竟，无论是比赛场刊售卖员还是餐厅的工作人员，他们的确非常忙碌，而且必须把注意力都集中在工作上，所以时间应该过得更快才对。但实际上，在这种情况下，我们并不像平日忙碌时那样“专注”。专注通常意味着长时间地持续关注某一特定事物，比如电视节目、象棋比赛或是一本书；但是在某些情况下，我们不仅需要同时处理许多不同的需求，还需要面对不可预见的问题，这时我们就无法进入专注状态了，我们的注意力不断地从一个事物上转移到另一个事物上，而且无法长时间关注某一特定任务，以至于不能完全沉浸其中。因此，时间的流逝才会减慢。我们刚才提到，在专注状态下，我们从周围环境吸收的知觉信息极少；但在这种情况下，我们吸收了大量信息。

这一点在比赛场刊售卖员的描述中尤为明显，在短短五分钟里，他需要进行众多活动、处理大量信息。不难想象，厨师在餐厅忙得不可开交时，情况也大抵相同。他们应接不暇地处理大量点餐，不仅要同时烹饪几道菜，还要处理突发问题，比如食材用完或是厨具出了差错。

第 4 章

心理时间规律 4：分心状态下，时间会减慢

关于时间，有一个残酷的讽刺：当我们希望它慢些时，它过得飞快（如心理时间的第三条规律所述）；而当我们希望它快些时，它却过得缓慢。仿佛上天在故意和我们开玩笑，快乐的时间总是短暂的，而无聊痛苦的时间总是漫长的。

心理时间的第四条规律与第三条规律恰恰相反。正如专注状态下，时间会加快；同理，分心状态下，时间会减慢。所谓分心，即注意力没有集中在周围任何事物上，思绪飘忽不定。我本人对此深有体会，在前言中提到的那次从曼彻斯特到新加坡长达 15 个小时的航班之旅就是一个血淋淋的教训。紧张感和不适感让我无法全神贯注于书本或机上的娱乐设施，没有任何消遣能帮助我脱离困境，所以在我看来，时间慢得不可思议。我还要讲述另外一个例子。我曾经采访过一个人，他向我描述了自己从事一份无聊工作时的心态——时间太漫长了，下班简直遥遥无期。

> 上午还算好过，但时间越久，过得越慢。到了下午四点钟，我每隔几分钟就看一次时间，然而每一次我都不敢相信才

过去了这么点时间。无论这种情况发生多少次，我都无法习惯，总觉得一定是钟表出了问题——停了，或者走慢了。

心理时间的这一规律充分解释了为什么当我们读枯燥的报告、听烦闷的演讲或与不喜欢的人乏味交谈时，时间似乎过得很慢。它也解释了为什么在等待的过程中，时间如此漫长。正如我之前所说的那样，如果我们能把注意力集中在某个事物上，等待对我们来说就不再是个难题。但很多时候我们很难做到这一点，要么是因为太过焦虑而无法分散注意力（比如面试前），要么是因为我们必须把注意力集中在正在等待的事物上，比如随时会从拐角处开过来的公交车。

有句老话涵盖了心理时间第三条规律和第四条规律的道理："人越忙，日子越快；人越闲，日子越慢。"忙碌指的是投入某项活动或某种消遣；空闲指的是注意力不集中，思想散漫。

我们越专注，时间越快；同样，我们越无聊或者说越分心，时间越慢。事实上，我们可以把专注和分心分化成两极：假如把无聊当作负极，专注当作正极，那么时间在最无聊的状态下最慢，当它向正极移动时逐渐加快，我们专注程度也随之逐渐提升。

不同的人对同一段时间的感知长度是不同的，现在我再举一个例子。假设两名大学生在听同一场讲座，这场讲座大概持续一个小时，一名学生听得津津有味，另一名学生则认为很枯燥。前者完全投入讲演当中，不停地忙着做笔记；而后者则神游太空，思考晚上做些什么。当然，对于他们两人来说，讲座持续的实际时间是相同的，但是后者在一个小时内所经历的时间却远比前者所经历的要多。

再如，假设在一个星期五下午，两个人在同一间办公室工作。其中，经理坐在办公桌前，正在为一份重要的报告做收尾工作，他已经为此辛苦一周了，希望这份报告不仅能为自己带来晋升机会，还能改变公司一贯的工作方法。另一位百无聊赖的职员正站在复印机前，手里的文件堆积如山，他每隔几分钟就瞥一眼表。毋庸置疑，对经理而言，这个下午转瞬即逝；而这位职员却会感觉度日如年。

心理时间规律可谓人一生的哲学。还记得第 2 章中关于“孪生兄弟”的例子吗？假设兄弟当中的一个人一生都在从事某项无须动脑、无聊到令人麻木的工作；而另一人则始终从事富有挑战、要求严格的工作。假设他们闲暇时间的活动大致相似，意识状态也都平凡无奇，那么前者在生活中实际经历了更多的时间。假设两个人寿命大致相同，那么前者一生能够经历更多的时间，从某种意义上说，他活得更久。不过，这也有弊端，前者一生中的幸福感和成就感可能比后者少；前者的寿命也可能比后者短，因为长期生活在烦闷状态下，人们往往会心生焦虑，对疾病的抵抗力变差。[①]

① 顺便说明一点，在我的一次讲座上，一位先生向我提出了一个问题：既然第三条规律与第四条规律恰恰相反，而我又对应着第三条规律提出了第四条规律，那么为什么没有提出一条与第二条规律相反的规律呢？比如：“处于熟悉的环境和体验时，时间会加快。”这个问题很好，但我觉得这本身不应该成为一条规律，这是因为我们生命中的绝大部分时间都在熟悉的环境中度过的，并体验着熟悉的事物，这意味着在这种情况下时间的流逝速度恰好是我们正常感受到的时间流逝速度，并不比平常的时间流逝速度更快。

心理时间的前四条规律并不相互排斥。在某些情况下，两条或多条规律会同时适用，但彼此相悖。比如，虽然时间随着年龄的增长而加快这一规律通常是正确的，但有时第二条规律（处于新环境、新体验时，时间减慢）会同时发挥作用，并使时间减慢。例如，在我的孩子刚出生的那段时间，两种规律就在同时发挥作用。在某些情况下，你可能在接触新鲜事物的同时（让时间减慢），也专注于其他事物（让时间加快）。例如，你在一个陌生的地方度假，但把很多时间用来读小说、看电视，也会得到类似的感受。

为什么在分心状态下，时间会减慢

乍一看，第四条规律从“感知”的角度来说似乎没有道理。但在无聊或分心的状态下，我们对自身体验并不积极，虽然我们对周围环境的意识可能比专注状态下更加强烈，但我们却不会像在新环境中那样，更加敏感地关注自己的体验（如果能这样，我们一开始就不会感到无聊了）。可重点在于，当我们的思绪飘忽不定时，它们会从别处接收和处理大量信息。

思绪翻飞，夺走注意力

为何我们如此恐惧分心状态，并竭尽全力避免这种状态？为何我们有时需要消磨时间，比如在长途旅行中看视频，或是在牙科诊所等待时读杂志？为何我们总是试图把时间排满，不留空闲，以至于生活中的大部分时间只是为了有事可做而做种种事情，或者看不太感兴趣的电视节目？

答案可以概括为一个词：思想。当思想不再专注时，它们就会自己漂流，图像、构思、记忆和其他各种杂乱无章的思想信息以闪电般的速度流过。我们不妨做一个实验。现在闭上眼睛，试着读取你的思想。几秒钟后，你就会意识到你的大脑中充满着各种想法，飞速转换——思考晚些时候要做什么，回放早晨在广播中听到的歌曲片段，回忆昨天或上周做过什么，幻想期待发生的事情，等等。就好像你的脑海里一直在播放一部电影，不过是由一个疯狂的导演制作而成，电影以每秒高达 10 次的频率，从一个场景转移到另一个场景，完全随机、混乱、没有章法。让思想继续漂流，让它去任何想去的地方，一分钟后停下来，试着去追溯你的想法，追溯所有不同的想法，这又促生了此刻特别的想法。然后你大概会感到惊讶，惊讶于思想的跳跃性，惊讶于它的飞速转换，惊讶于一分钟内涌现的想法数目之多、范围之广。

19 世纪的英国心理学家弗朗西斯·高尔顿（Francis Galton）曾设计了一个实验以测试自己的记忆力。他写下一系列词汇（如“马车”“修道院”和“下午”），然后记录他读这些词汇时大脑中涌现的想法和记忆。他在四个不同的场合做了这一实验，在 660 秒内总共完成了 505 次联想，即每分钟产生超过 50 种想法和记忆，基本上每秒一次。但高尔顿认为，与正常情况下思想的工作速度相比，这还是太慢了。

在写这本书的前几天，我和妻子坐在一起看窗外的后花园。这时，一只松鼠跑过，出于某种原因，我的妻子问：“一只松鼠拍手的声音是什么样的？”虽然这一问题现在看来有些荒谬，但我敢肯定当时一定有什么引发了妻子的这一想法。大约 15 秒后，妻子注意到我在出神，问我：“你在想什么？”我停下来，意识到我在想托尼·布莱尔（Tony Blair），以及他最近赢得大选的事情。我惊讶地发现，不过几秒钟的时间，我从“一只松鼠拍手的声音是什么样的”想到了托尼·布莱尔。我试图追溯这几秒中我有过的想法，大概是这样的：

> 妻子的问题让我想起了我最喜欢的一首歌——范·莫里森（Van Morrison）演唱的《觉悟》(*Enlightenment*)。他在这首歌中唱道：“一只手鼓掌的声音是什么样的？”我在脑海里哼了几句歌词，还记得在我常去的瑜伽中心听到有人唱这首歌，我当时一直感觉这很奇怪，因为这首歌其实没有在描写觉悟，而是在描写对于觉悟是什么的困惑；于是我又想起了这首歌的另外几句歌词：“每时、每刻，它都在变化。觉悟，我不知道是什么。”接着，我想起几天前我在广播中听到关于范·莫里森的简短采访，采访者说不能提起布什总统和他的音乐播放器这一话题，显然，白宫最近发布了总统的音乐播放器中的具体歌单，而范·莫里森的一首老歌《褐眼女孩》(*Brown Eyed Girl*)赫然在列；顺理成章，乔治·布什把我的思想引向了托尼·布莱尔和大选……

所有这些想法，包括更多我可能已经忘记了的细节，都在大约 15 秒之内产生。怪不得詹姆斯·乔伊斯（James Joyce）在小说《尤利西斯》（*Ulysses*）中，用了 50 多页来描述书中人物莫莉·布卢姆（Molly Bloom）睡觉前躺在床上脑海中飞速转换的嘈杂思绪。

让我们再做另外一个实验，在你的房间里任意选择一个物体，墙上的一幅画或者窗台上的一棵植物，然后全神贯注地观察它，试着观察它的每一个细枝末节之处，越久越好……

你可能很快会发现，你只能认真地观察一小会儿，也许只有几秒钟，因为你开始思绪翻飞，脑海中的嘈杂思绪夺走了你的注意力。你不再专注于这一单一物体，你的思绪早已飘到世界的另一边，想念你在澳大利亚的朋友，或者回忆过去的十年，抑或记起在你父母的房子里也有一株这样的植物，然后开始回味住在那里的一幕幕场景。

当注意力不再受外部事物吸引时，我们就会体验到这种思绪翻飞的状态。看电视或读杂志时，通常不会出现这种状态，因为我们完全沉浸其中，思想无法随意漂流。但当注意力不集中时，这种状态常常会出现，比如：做一些枯燥乏味或要求较低的工作时；坐长途汽车或火车赶赴异地，而手边却没有书籍或报纸可供阅读时；一个人在空荡荡的酒吧里等着朋友出现时；晚上躺在床上努力入睡时。在最后一种情况下，没有任何外在的东西能吸引你的注意力，你与自己的思想独处，往往在这时，思绪翻飞会变得更加强烈，你甚至无法入睡，有些人的思绪“飞转”之快，迫使他们不得不服用安眠药来减缓其速度。

米哈里·契克森米哈赖的研究表明，思绪翻飞的状态一旦持续，通常就会成为一种消极体验。在这一过程中，我们体验到了一种被他称为“精神熵”（psychic entropy）的状态，即我们无法控制自己的思想。我们还会产生孤独和分离的不快感，因为在头脑中，我们孤身一人与嘈杂的思绪斡旋，而整个世界和其他人都在头脑之外，与我们分隔。另外，思绪翻飞的内容通常也是消极的，往往围绕着忧虑和困难，因此经常引发种种不良感受，如焦虑和抑郁、痛苦和嫉妒。

但就我们而言，最重要的是在思绪翻飞的这一过程中，时间减慢了。

思绪翻飞可分为很多类型。某些类型能够吸引注意力，起到让时间加快的效果，比如幻想，它的作用类似于电视节目，使你忘记自身的存在。但其他大多类型起着相反的效果，类似于知觉信息，它们同样会产生大量信息，使时间延伸。

心理时间第四条规律的关键在于，它为我们解释了诸多现象，解释了为什么“心急水不沸”：如果你在等待时分散注意力，水很快就会沸腾（尽管这种做法有一点危险，可能会因为你没有及时注意到而导致水因沸腾而溢出）；但是如果你只是站在那里盯着它，思绪不定的大脑就会产生大量思维信息，使时间大大延长，让你觉得等待的时间过长。同样，这一规律也解释了我们在听枯燥的演讲或观看无聊的体育比赛时的感受，在这些时刻，我们的注意力无法被外部刺激吸引，因此自我意识就会产生大量的嘈杂思绪。

这一规律也有助于解释另一个时间悖论：当我们真正经历空虚的时间时，它似乎无限漫长；但当我们在未来回顾过去时，它似乎缩短了，甚至可能比正常的时间更短。例如，威廉·詹姆斯指出："一个月的病期在当时看来可能无休无止，但在回忆中却归为乌有，因为它几乎没有产生什么回忆。"我们已经了解到，空虚的时间之所以漫长，是因为当我们思绪不定时，大脑会产生并处理大量思维信息；但当我们在未来回顾这段时间时，罗伯特·奥恩斯泰因所谓的"信息存储"就会发生作用。相较于积极活跃的时间，枯燥无聊、无所事事的时间留给我们的记忆要少得多，我们没能从中存储多少记忆，因为这期间很少有事情发生，因此在未来回顾时，这段时间因为信息量过少而无法延伸。

身体疼痛和心理痛苦，让人度秒如年

你是否注意到看牙虽然只有一小时，却似乎用掉了整个下午？这不仅仅是因为你在候诊室内惴惴不安、思绪飘忽，漫长地度过了半个小时，还因为牙医在治疗过程中加在你身上的疼痛（取决于医生的水平）。有一个人告诉我：

> 每次我走出牙科诊所的大门，都觉得自己在里面待了好几个小时，一切似乎都不同了，仿佛我离开了很久似的。我通常每次只在那里待半个小时，但是当牙医在我的牙齿上钻孔时，我都能无比清晰地意识到每一个微小时刻的流逝，当真度秒如年。

一位女士有类似的体验，她描述了在没有麻醉的情况下做流产手术的痛苦经历：

> 我咬住嘴唇，握紧拳头，还好我没留指甲，否则它们肯定会刺穿我的手掌。我在无边无际的疼痛中漫长地煎熬着，心想手术大概只有十分钟，但感觉像是有两个小时。

上述示例充分说明，身体上的疼痛的确会使时间的流逝比正常速度慢得多。其实，心理和情感上的痛苦也是如此，例如抑郁、恐惧和焦虑，每一种痛苦都会使时间变慢。一个年轻人和女友闹了矛盾，感到失意沮丧，他这样描述当时的体会："我走到海堤那里，独自思索，孤独和愤怒的感受席卷而来，时间慢得让我心烦。"拉里·多西（Larry Dossey）博士总结道："人一旦受了伤，就会感觉度日如年。"我的一个朋友曾经历过一段抑郁、焦虑和惶恐的时光，他告诉我心理痛苦如何改变了他对时间的体验：

> 现实使我不堪重负，痛苦使时间大大延长，我越痛苦，时间就越漫长。时间的界定在痛苦面前统统消散，痛苦是无穷无尽的，一旦痛苦开始，时间也就不见了……
>
> 我与时间相分离，完全沉浸于自身的惶恐中，再也没有时间的概念。我不知道过去了多久，十分钟，一小时，还是一整天。

许多研究证实了这些效应。以色列心理学家黛娜·阿维尼-巴巴德（Dinah Avni-Babad）对航空旅行的研究表明，相比于那些不常乘坐飞机的人来说，经常飞行的人觉得"在飞机上的时间流逝得更快”。阿维尼-巴巴德认为，这是因为不常坐飞机的人在飞行中感到的安全感和舒适感较少，而焦虑感较多，这会使时间延长。巴塞罗那大学的研究人员以重病患者为对象，研究在患者的健康和情绪变化的不同阶段，问他们“你觉得昨天有多长”。研究人员发现，在特定时间里，人们心情的糟糕程度与他们感受到的一天持续时间紧密相关，感受越糟糕，这一天的时间越漫长。一项以抑郁症患者为对象的研究（由精神病学家怀瑞克兄弟发起）结果表明，患者经常过多地估计过去的时间，并抱怨时间过得漫长。

我们很可能会把这一效果单独归结为心理时间的一大规律，比如“时间在不适和痛苦的状态下减慢”。但从某种意义上说，第四条规律涵盖了这一效果，无论是身体疼痛还是心理痛苦，最糟糕的就是我们很难转移注意力，痛苦的感受成为我们关注的焦点，一次次地阻断我们转移注意力的尝试。当然，这在一定程度上取决于痛苦的强烈程度。牙痛时也许可以通过读书或看电视来暂时忘掉痛苦，尽管你一放松，疼痛感就会再次出现。但是对于剧烈的精神痛苦和 / 或严重的身体疼痛，哪怕像这样短暂地忘记痛苦也无法做到，它们会阻断一切你试图提供给大脑的其他刺激。正如我在从曼彻斯特到新加坡的长途飞行中所发现的那样，焦虑之所以让时间变慢，只是因为它不允许你去转移注意力，无论是睡觉，还是看电影、读书，甚至和邻座的人悠然交谈也不行，焦虑会使你被动地将注意力集中在当前的现实状况上。

这可能是因为“时间感知”在作怪，尤其是当你知道痛苦的时间是有限的、很快就会结束时，你会意识到每一刻的流逝，心如火焚，只待结束，比如等待飞机着陆或者等待牙医停止钻孔，这种敏锐意识会放大时间。

从本质上来说，最重要的因素大概是，在经历身体上的疼痛或心理上的痛苦时，你很可能处于一种分心状态，大量思维信息在头脑中来回穿梭，导致时间慢了下来。宾夕法尼亚州立大学的心理学家做了一项研究，计时 45 秒，让 20 名正在戒烟的人估计这段时间有多久，不吸烟者对 45 秒的估计相差不多，但吸烟者的估计结果却大相径庭，在 24 小时不吸烟后，吸烟者全都过久估计了这段时间，他们的估计结果多出 25 到 60 秒。劳拉·克莱因（Laura Klein）博士是这项研究的负责人之一，她指出在这一过程中，戒烟者说“他们备感压力，无法集中注意力”。这对于研究结果至关重要，同时引导她得出结论：“时间估计可以被用作检测注意力变化的指标。”

时间的正常流速如何

到目前为止，我们一直在探讨种种时间扭曲的体验，即在某些时刻，时间流逝的速度似乎与正常速度不同。那么我们在正常情况下，对于时间流逝是怎样的感觉呢？在没有偏差以致扭曲时，时间流逝的正常速度又是怎样的呢？

一些科学家认为，我们的时间流逝感源于大脑中的一种“起搏器”，它产生有规则的脉动，由“累加器”计数，并存储在记忆当中。一段时间后，我们知道起搏器的脉动次数，所以对流逝时间的长度有一个大致猜测，有点像大脑里的钟表。虽然到目前为止，这一理论尚未得到明确证实，但从某种程度上来说，它合乎逻辑，因为它可以解释为什么就算长时间没有看表，很多人仍然能够相当准确地估计时间。然而，由于人们所体验的种种时间扭曲千差万别，因此这种起搏器必须非常灵活，还得容易受到心理状态的影响——在专注状态下加速，在新体验下减速，在无自我意识时完全停止。可我认为并非所有的大脑机制都能以这种方式运作，我更倾向于相信不同的时间感受是由不等的信息量造成的。

从心理学的角度来看，正常的时间感是指在没有任何时间扭曲的状态下对时间的感受——既不高度专注，也不无聊烦躁，还没有处于陌生的环境或体验。换句话说，我们在正常的意识状态下，时间感正常。

问题是，在"正常"的意识状态下，时间本来就过得很快。在心理时间的前四条规律中，第三条规律（"专注状态下，时间会加快"）我们体验的最多；第一条规律（"时间随着年龄的增长而加快"）虽然每时每刻都在发生，但它缓慢渐进、无声无息，以至于我们常常注意不到它的存在；我们不会频繁地处于新体验、新环境下，因此不常体验第二条规律；我们总是试图避免分心状态的出现，因为它往往令人不快，因此也不常体验第四条规律。另一方面，第三条规律在生活中出现的频率高，而且不隐晦，我们之前就了解到，大多数人在生活的大部分时间中，或多或少地专注于外部事物。比如当我们吃早餐或乘车去工作时，会将注意力投放在听收音机或读报纸这样的活动上；在接下来的八到九个小时里，我们花大部分时间专注于工作（假设工作内容富有趣味和挑战）；晚上，我们会沉浸于看电视或其他消遣；到了周末，我们更努力地保持注意力集中，给自己安排一些工作，比如做做家务、洗洗车子、打理花园、拜访朋友、外出就餐或者看场电影。

所以，在正常的生活状态下，我们或多或少地专注于外部事物，正因为如此，时间总是在悄无声息却大步流星地流逝。其实，我们正常的时间感就是时间过得较快的状态（因此我之前才会说，直到我们处于高度专注状态时，才能够真正意识到第三规律的运行）。

也许你会从中发现一些内在的虚无主义，然后不禁思考：我们虽然生活在这个世界上，但大多数时间都被放空了，那么我们的生活又有什么意义呢？既然我们不得已每晚要睡八个小时，为什么还要把白天的时间也荒废掉呢？尤其是当我们晚上百无聊赖地看电视时，就好像处于一种假死状态（诚然，主动专注或心流状态并不包括在内，因为正如契克森米哈赖所表示的那样，心流是一种积极健康的体验，会带来幸福感，帮助我们形成活力充沛的健全性格）。

但仅从时间上来说，这种生活方式毫无意义。我们都希望生命越长越好，但我们却沉迷于种种消遣，让这么多时间白白浪费。在生命的旅程中，时间随着年龄的增长而加快，而我们却持续地将自己置身于心理时间的第三条规律的作用下，这无异于促进了时间的加快。

同理，对心理时间的第二条规律（“当处于新体验、新环境时，时间会慢下来”）疏于利用，这也是纵容时间加快的一种方式。许多人满足于连续多年维持相同的生活状态——住在同一所房屋，重复同样的经历。我们很少主动接触各种各样的地方或活动，因此，脱敏机制对我们看待世界的影响越来越大。

所有这一切都使我们为延长生命所做的努力付诸东流，我们为什么要一边肆无忌惮地浪费时间，一边不辞辛苦地试图延长生命呢（比如，保持健康饮食、锻炼身体，甚至死后将身体冷冻）？

然而，我们又能有什么其他选择呢？问题在于专注状态令人非常愉悦，而无聊和分心状态则令人不快，我们无法抑制自身的渴望，所以希望前者的时间越长越好，尽管它们确实会让时间加快。如果让我们选择如何度过晚上的时光，是看电视，还是思考生活中的问题，抑或是让嘈杂思绪充斥脑海，毋庸置疑，我们会选择前者。

但是，并非没有办法摆脱这个陷阱。我们稍后将会了解，我们不需要在愉悦的专注状态和不快的分心状态之间做出选择，其实我们还有另一种选择——第三种状态，它避免了前两种状态存在的问题。

在讨论这种状态之前，我们必须先弄清楚除了信息以外，影响个人时间感受的第二个主要因素，进而总结出统一时间理论（unified theory of time）。

第 5 章

心理时间规律 5：自我意识休眠，时间会变慢甚至停止

几年前，我的一个朋友在骑摩托车高速行驶时被撞翻，强大的撞击力将他甩向空中，一落地，便没了知觉。在医院醒过来已经是八个小时之后了，但他仍然能生动形象地回忆起失去知觉前一刻的场景。

> 我看到车的挡风玻璃碎了，玻璃缓缓分离、飞溅，就好像风扇，如此美丽，碎片在阳光下闪闪发光。我觉得自己在空中飘浮，好像永远不会坠落。我仰望太阳的光辉，顿时有一种在飞机上的感觉，处于云巅之上，周围是一片灿烂的白色。

意外事故和突发事件往往会导致时间极度减慢。下面是一个经常骑马的人分享给我的落马体验：

> 每次我摔下马，总是惊叹为什么这么久才落地！我感觉自己好像在空中飘浮，心想我会轻柔地落在地面上，所以放松身体，等待着大地将我拥抱。之后，当我摔到地上，躺在那里喘不过来气的时候，我感到惊呆了。

当发生紧急情况，生命受到威胁时，我们也会感到时间延长。例如，曾有很多人报道地震期间时间大幅减慢。1988 年亚美尼亚发生了毁灭性大地震，一位经历地震的女士在接受采访时说："当时的场景就像一部慢动作电影，一块混凝土面板慢悠悠地掉落。"无独有偶，摄影师安塞尔·亚当斯（Ansel Adams）也描述了他的一次经历，早上五点他被地震惊醒，床与墙壁锵锵撞击，窗户吱嘎作响，"咆哮、摇摆、晃动和摩擦好像持续不断、久久未停，然而其实还不到一分钟。"

爱德华·霍尔在《生命之舞》中描述了一名海军试飞员的案例，他刚从航空母舰起飞，就意识到飞机没有启动。"时间开始变得缓慢，"试飞员告诉记者，"大概过了一秒钟，在我滑出 75 英尺[①]的地方，我意识到自己陷入了大麻烦。"接下来的八秒钟里，他成功自救，方法复杂而周密，之后他用时足足 45 分钟才描述完这八秒钟的所作所为。霍尔自己也有过类似的经历，当时一头美洲狮从笼子里逃出来，而他刚好与狮子狭路相逢：

> 我感觉到有东西刷过我的右腿小腿，才意识到了目前的状况，然后我看着狮子舔去我脚趾旁边的一块油脂，时间顿时减慢了……我想要利用多年来与动物打交道的经验，脑海里回顾了好几种方案，闪现了好几种场景，却又将它们一一否决，唯一可行的办法就是和狮子交个朋友。

① 1 英尺≈0.3048 米。——译者注

为什么处于巅峰状态，会让时间变慢

许多职业运动员对此类体验再熟悉不过了。虽然这种说法一开始听起来可能有些奇怪，但是如果我们将运动看作一种人为创造的紧急情况，这便说得通了。事实上，在比赛的最后几分钟一个高尔夫球手能否获得胜利，或者一个守门员能否守住球门本是无关紧要的事情，但球员和观众却视其为举足轻重的大事。有时运动员会进入巅峰状态，在这种状态下，他们思路清晰，表现也更上一层楼。在他们体内，新的精力和能量熊熊燃烧，突然间，他们能够征服比平日难度更大的目标。虽然他们展现的一切似乎行云流水、完美无缺，无须额外努力，但事实上，时间流逝的速度却慢了很多，这往往是为何运动员能有惊人表现的主要原因。他们有更多的时间应对比赛，预测对手的行动，调整自己的位置。例如，美国网球冠军吉米·康纳斯（Jimmy Connors）描述了他处于巅峰状态时的体验，他说越过网飞来的球好像越变越大，移动的速度却慢了很多，因此他有充足的时间来考虑回击的方式和时间。

“新世纪”风潮的作家和演讲者大卫·艾克（David Icke）也有同样的体验。艾克曾是一名职业守门员，他说道：“我所有最好的扑救都形成于慢动作当中。”某次，在一场重要的英格兰足总杯比赛中，有人近距离射门，看上去根本来不及扑救。

> 当我意识清醒的时候，球正向左上角飞去，守门员不管怎样都接不到……
>
> 但是我仍然清楚地记得，当巴尼特把球踢出，一切都进入

了慢镜头。我向左侧横向移动，看着球慢慢向左侧飞去，然后我扑了下去，举起右手，使球从球门横梁上方划过。一切都像慢动作回放，我听不见周围的声音，好像置身于神秘的梦境，直到我的右手将球打出，然后一切回到有意识的状态里。我落在地上又迅速弹起，全场轰动，好像有人突然关掉了静音按钮。

美国橄榄球运动员约翰·布罗迪（John Brodie）经常会有这种时间减缓的体验。他对此描述道：

时间不可思议地减慢了，仿佛一切都分解成了一个个慢动作。而我拥有充裕的时间，观察带球者的进攻模式，但同时我知道防守前锋正在向我靠近，速度和平常一样快。我很清楚对方球员来得有多么迅猛，但这一切就好像慢动作电影或舞蹈。

显然，这与我之前所述的意外事故和紧急情况基本相同，重点在于布罗迪说只有到了比赛最为激烈的时刻，当他在场上的表现仿佛真正应对危机时，才能有时间骤然减缓的体验。

集体项目的运动员并非时时刻刻把比赛看作紧急情况，因为通常会有较长的间歇时间，他们无须上场奋战。但是一些短距离运动项目全程都处于十分紧急的状况，要求运动员身心高度投入，保持力量的迸发。因此，许多运动员在比赛时有时间骤然减慢之感，这也在情理之中。例如，赛跑运动员史蒂夫·威廉姆斯（Steve Williams）说："如果你跑一个 100 米弯道……短短 10 秒仿佛有 60 秒之久，一个个慢动作将时间拉长。"据游泳运动员考特尼·艾伦

（Courtney Allen）所说，当她参加自由泳比赛时，“每一个细节似乎都会永远持续下去，当你在脑海中回放时，它便永不止歇”。

虽然这些体验非常短暂，但是最优秀的运动员似乎总能在一定程度上保持巅峰状态，或至少能够经常进入巅峰状态。武术行家也有这种体验，他们通过训练以放慢对时间的感知，这样一来，对手的招数被拆分成慢动作，他们就有足够的时间做出反应。澳大利亚板球运动员唐·布拉德曼（Don Bradman）是史上最优秀的击球手，他的国际平均水平是其他大多数伟大击球手的两倍。据其对手说，布拉德曼之所以取得如此成绩，似乎是因为他拥有异常充足的击球时间，即使他往往到最后一刻才出击，他也总是拥有充裕的时间来调整位置，找到正确的击球方式。虽然球从投球手的手臂传递到击球手的时间不到一秒钟，但对于他来说，时间却好似变慢了许多。伟大的爱尔兰足球运动员乔治·贝斯特（George Best）也是如此，在电视剪辑片段中，笨拙的防守队员用脚绊他的腿，试图把他铲倒，但他们的速度总是不够快，贝斯特一次次毫不费力地从他们中间突围。最异乎寻常的是，贝斯特从来没有给人一种仓促匆忙的印象，他的动作实则优雅缓慢，就好像他处于一个与对手不同的“时间世界”。事实上，贝斯特自己也说过，他总是惊讶于对手移动速度之缓慢，他有充足的时间预防他们抢球。

换句话说，这可能是影响体育比赛中个人表现的主要因素，时间减慢感让运动员有更多的时间来预测、反应和移动。随心所欲地进入巅峰状态的能力可能比健身或技术训练更有作用。事实上，现在已有一些体育教练针对这一能力来训练运动员了，来自爱丁堡的迈克·霍尔（Mike Hall）就是其中之一。他表示在练习太极 12 年后，自己已经可以随意进入巅峰状态。他常在打壁球时运用这种能力，并将其描述为“一种静止的状态，不再受限于序列时间，虽然球仍在场上飞来飞去，但是球移动的速度却随着我的不同状态而改变”。他认为任何运动员都有可能通过心理训练来学习这种能力，这样就可以达到他所谓的“在慢镜头下，速度更快”的状态。

为什么自我意识休眠，会让时间变慢甚至完全停止

时间静止的体验与时间信息论并没有多大关联，虽然时间静止时，我们的确有可能会处理比正常更多的知觉信息（比如我朋友发生摩托车事故时的体验），但这并不是时间放慢的原因，而是它的影响。如果时间先开始减慢，你就能吸收更多知觉信息，因为你有更多时间去看、去听周围发生的事情。

霍尔认为，出于自保，人类发展出了一种在危机时刻扩展时间的能力。在困境中，这种能力赋予我们更大的生存机会，因为它给我们更多的时间去思考、去做决定、去尝试不同的选择。例如，如果那个试飞员以常规感知状态进行操作，那么他就不可能如此周密地思考，如此谨慎地行动，他可能无法逃生，从而造成惨剧。同样，运动员的巅峰状态体验也是如此，因为这种状态通常在人为的生死关头才能出现。

然而，这些体验的真正关键点在于自我意识，或者说，在于自

我意识的休眠。“自我”这个词常指我们个性中的一部分，由它产生骄傲、自私、虚荣或竞争的感受，例如“他太自我了——他认为自己很特别”，或是“他没有任何自我——他不在乎名誉或认可”。但像我在前言中提到的那样，心理学中的“自我”通常是指我们头脑中的“自我意识”，它可以思考问题、理解世界、深思熟虑、做出决定和制订计划（这是弗洛伊德对自我意识的基本定义）。如果你按照我在第 4 章中所提议的那样，闭上眼睛，感受脑海中的思绪翻飞，你便是在观察自我意识的表面活动。然而，就其结构而言，自我意识由许多不同的成分组成，比如记忆、自我形象（这可能包括成功感、失败感、自信感或缺乏感）、对世界的信念，以及归属感（属于某个社会或民族、某个性别、某个年龄段等）。正是“自我意识结构”创造了“个体”意识，“自我意识”才在头脑中形成。

我们在第 1 章中了解到，当我们渐渐走过童年，自我意识得到发展时，时间流逝感会逐渐变得强烈。在我们生命的初始阶段，自我意识还未发展，因此，我们没有时间流逝的感觉（同理，我们将在第 6 章中了解到，相对于我们，世界上有一些土著民族生来就很少受时间影响，部分原因在于他们的自我意识结构较不牢固）。这表明，如果我们正常的自我意识因为某种原因而消失或休眠，我们就不会有时间流逝的感觉，或者至少如果自我意识结构较不牢固，我们的时间流逝感就会减弱，时间对于我们来说就会慢很多。

这一现象切实会发生在以下体验中：短时间内，我们失去了或至少大大减弱了作为独立思考的“我”的意识，进而失去了正常的时间流逝感，我们有意识的思维开始沉睡，所以我们不再受时间的支配。

有一点很重要，无自我意识状态与无意识状态是两码事。人们在冥想、事故后或体育比赛中达到无自我意识状态时，仍然保有认同感，而且清楚发生在他们身上的事情。关键在于认同感的改变，在正常的自我意识结构消失后，包括种种思绪、信念、记忆和自我价值感，脑中也并非一片空白，仍留有意识。不妨想一想当一个人处于深度冥想状态时会发生什么——她的思想可能完全静止、虚空，没有任何念头，也没有其他精神活动，但她仍然对自己的体验有一种意识，仍然能意识到她正存在于自己的心灵空间当中，品味内心的宁静与充实。

从这个意义上讲，哲学家笛卡尔的名言“我思，故我在”便不再正确。在某些情况下（如冥想），你可以停止思考，但你仍然存在，你的意识独立于让你思考的自我意识而存在。即使在正常情况下，当你过着日复一日的平凡生活，脑中充斥着种种想法，但是仍有一种意识独立于思想之外存在着，它使你能够意识到自己的思想。有时我们会意识到自己在想一些我们不愿去想的事情，比如性，比如不喜欢的人，再比如不想发生的坏事（例如想象你乘坐的飞机将要坠毁，或是你迟到了的爱人发生了意外）。从某种意义上说，我们有两个不同的本体：有思考能力的自我，以及用于观察和见证实际情况（包括我们自己的思想）的、更深层的、更基本的思维的一部分。这个观念是古代印度人吠檀多哲学理论的重要组成部分［在《奥义书》（*The Upanishads*）中有所表述］。在这一理论中，表面的思维意识被称为“个我”（*jiva*），观察见证意识的被称为“自我”（*atman*）。在永恒的时刻，自我意识的“个我”会消散，而观察见证的“自我”却是不朽的。

我们也可以从大脑的左右两个半球来考虑这个问题。简单地说，左脑就像是“科学家”，进行语言和逻辑上的思考；而右脑像是“艺术家”，富有创造性，依靠直觉，更全面地看待世界。心理学家认为，左脑控制着我们的时间感，而右脑基本不受时间限制，在任何特定时刻，我们或用左脑或用右脑来思考或感知世界，当我们处于“右脑工作模式”时，时间就可能变慢或消失。根据这一观点，当人们面临事故或紧急情况，或是进入巅峰状态时，他们会完全转向“右脑工作模式”。但是最终，其实我们仍然在谈论自我意识的超越，因为自我意识由左脑产生，正如心理学家布赖恩·兰卡斯特（Brian Lancaster）所说，我们正常的自我意识与“左脑中基于语言的解释程序紧密相连”。从本质上来说，从左脑工作模式转为右脑工作模式就意味着超越自我意识。

时间和自我意识之间的关系构成了心理时间的第五条规律，即，当“思维意识”或“自我意识”休眠，时间往往会变慢甚至完全停止。

两种使自我意识休眠的方式：极度专注和震惊

大致说来，正常思维意识休眠往往发生于两种情况下。第一种是极度集中或极度专注状态，比如人们在巅峰状态下的体验。

时间感知似乎存在一个悖论：当我们的注意力集中于某项任务或某种消遣时，时间流逝的速度加快；而当我们的注意力极度集中时，则会产生相反的效果，时间骤然减慢。例如，在《月球上的人》（*A Man on the Moon*）一书中，作者记录了执行阿波罗 8 号太空任务的宇航员在旅程途中等待发动机启动时的心情：

> 时间似乎变慢了。每个人都知道引擎必须在规定的时间内启动，不早也不晚。如果发动机过早关闭，或者没有提供适当的推力，那么此次航行可能会在某一奇怪的、错误的轨道上结束；如果它启动的时间太长，阿波罗 8 号将会因为失去过多能量而撞上月球。到了发动前两分钟，时间似乎开始变得很慢，博尔曼（Borman）大声说："天哪，才过了四分钟？"
>
> "这是我经历过的最漫长的四分钟了。"当发动机低声呼啸着进入太空时，洛威尔（Lovell）说。

在正常的专注状态下，这几分钟本应很快过去，但是宇航员们对发动机过度的关注似乎改变了这一效果。同样，一位赛车手描述了她在比赛中关于时间减慢的体验：

> 每一圈，在弯道处都有几辆车被我甩在后边，这要归结于过去五年的经验加上益友分享给我的知识……时间延伸了，几秒钟好似几个小时，一分钟仿佛一个世纪。

这一"悖论"的关键在于，当我们极度专注时，就会进入另一个领域—— 一种新的意识状态，在这种状态下，我们不再受心理时间第三条规律的影响，而是第五条规律。极度专注使正常思维意识休眠，因此我们与时间建立了新的联系。

我们可以通过一个例子来具体了解极度专注的影响——冥想。在冥想中，我们把注意力集中于一句祷语（或是我们的呼吸或烛火），如果我们能够保持专注，就会体验到一种精神平静的状态，思想渐渐放慢，直到最终（如果我们的冥想很成功），思想和自我意识完全消失。这时，我们便体验到了无自我意识的状态，不再有一个“我”在脑海里喋喋不休。极度专注可以使自我意识休眠，此外，我们稍后将会了解到，正是因为如此，深度冥想才能够产生一种无时间感，而且在日常生活中帮助我们扩展时间感。

运动时的极度专注状态也能使自我意识休眠。高尔夫球手或赛车手在比赛中会一连几个小时保持精力集中，最终当其达到一定极度专注程度时，正常的自我意识就可能消失，而时间感也会随之消失。当然，短跑运动员不仅需要在实际比赛的这段时间集中注意力，还要试图在赛前几个小时建立一种极度专注状态，消除脑中的其他想法和干扰。

因此，最伟大的运动员往往以其不可思议的专注能力而闻名，这便解释得通了。一个显而易见的联系是：运动中的出色表现很可能归功于运动员的极度专注，他们进入巅峰状态，继而时间感减慢，之前我已经详细说过这一点。例如，网球运动员比莉·简·金（Billie Jean King）在比赛中因为太过专注，所以意识不到观众，甚至包括她的对手，她的目光只注视着球和拍面。“就像我自己处于场外，”她说，“我能够领会到对手的动作，但却以一种剥离的、抽象的方式，就像在隔壁房间里的观察者。”无独有偶，英国高尔夫球手托尼·杰克林（Tony Jacklin）写道：“我以专注作茧，完全生活在此时此刻，不追溯过去，也不设想未来，全神贯注地投入那特定时刻正在做的事情。”如此，他才打出了最出色的比赛。

第二种使自我意识休眠的方式是突如其来的震惊。禅宗大师试图用一些方法来捕捉弟子自我意识放松的时刻，比如在弟子打坐时突然用棍子敲打他们，对他们的提问给出荒谬的答案，或者提出公案（或不解之谜）让弟子们解答。弟子会在公案问题上思考好几个小时，直到最终他们的自我意识因疲惫和困惑而休眠。理所当然，当自我意识休眠，就会有“开悟”（或更高的意识状态）的体验。发生事故或紧急事件时的体验可能与此相同，车祸、引擎故障、地震或暴力冲突所带来的巨大震惊麻痹了自我意识，这些事件发生得太快，以至于自我意识因不能及时做出反应而被抛在后面。结果，正常的自我意识结构完全或部分消失，当事人因此会体验一种无时间感，或者至少体验到时间急剧减缓。

可能正是因为如此，人们在目击不法行为时，往往会感到时间减慢。实验证明，当人们看到伪造的袭击事件，或在影片中看到银行抢劫事件时，他们基本上每次都会过多估计事件持续的时间，常常是实际时间的 250% ~ 500%。目击此类事件的巨大震惊感同样会使自我意识麻痹。

你们也许会对此产生疑问：当我们专心于某种事物或某种消遣时，是否也同样体验到了一种无自我意识状态呢？当我们沉浸于电视节目或某项任务时，脑海中的嘈杂思绪是否就像冥想时那样也消失不见了呢？这样一来，我们是否应该升华自我意识，从根本上体验时间的减慢感，而不是让它过得更快呢？

然而，我们在本章中所阐释的这一体验与专注状态下的体验有本质上的区别。最大的区别在于，从严格的意义上讲，专注状态下自我意识并没有休眠，也许它并不活跃，但自我意识结构仍然完整，虽然在某些专注的时刻，这种分离感不是很明显，我们仍然能够区分自己和世界。但是在极度专注状态下，我们完全超越了自我意识，自我意识结构消散。自我意识没有了安身之所，它还存留着认同感，却不再是正常的思维意识，而仅仅是没有思维的意识——“观察见证”（或“自我”），可以用来监测大脑中的思维活动。

现在，让我来总结一下我的统一时间理论，个人对于时间流逝的感受取决于两大要素：信息处理和自我意识。让时间流逝减慢的条件包括两个：一是从周围环境或自身思维中吸收和处理更多信息；二是自我意识被削弱。

意识形态转变，时间感知非比寻常

以上是对统一时间理论的第二部分的阐释，接下来我们将介绍由意识形态转变所产生的时间感知，这种时间感知非比寻常。

时间和成瘾性药物

吸食成瘾性药物能让人体验过它使时间延伸的效果。用阿道司·赫胥黎（Aldous Huxley）的话来说，这类药物能让人们“在短短一小时内体验到无穷无尽的极乐时光”。俄国哲学家彼得·D. 邬斯宾斯基（P.D.Ouspensky）曾做过一系列“神秘主义实验”，其中可能（因为他没有说明所使用的药物）包括吸入乙醚，接着他发现自己失去了“独立分离的个体”这一概念，开始觉得“万物相互依存”，而且他还体验到了所谓的“时间无限延长”，感觉度秒如年。对此他描述道：

> 我的同伴在说话，然而在他发出的每个声音之间，在他的嘴唇一张一合之间，都要等待漫长的时间，等他终于说完一个短句，而我却完全无法理解其中的含义。我觉得在这段时间里，自己体验了太久的时间流逝，我们应该再也无法了解彼此，我离他实在太远了……没有任何媒介能够传达给他我所经历的漫漫时光。

瓦尔特·T. 斯泰斯（W.T.Stace）在《神秘主义与哲学》（*Mysticism and Philosophy*）一书中也报道了类似的体验——麦司卡林（mescaline）影响下的时间。在药物的影响下，一个名字缩写为 N.M. 的人体验到了感观的极致强化，“他视野中的每一个物体都呈现出一种奇特而强烈的自身存在感……蓬勃的生命催动着万物。”与此同时，N.M. 觉得“时间和运动似乎全都消失了，因此产生了一种无时间的永恒感”。后来，等药物开始失效，他明显感觉自己重新跌入时间漩涡，“开始再次意识到时间的流逝，这种感觉就像从空气到水中，从稀薄到稠密”。

这些药物能够延长时间的一个原因是，用阿道司·赫胥黎的话来说，它们“打开了感知的大门”。通过打破身体正常的化学平衡，它们似乎也突破了常态下限制意识的机制，脱敏机制不再工作，因此我们可以像孩童一样体验热切而真实的世界。或者就像心理学家费舍尔（R.Fischer）认为的那样，成瘾性药物会“放大感觉、认知和注意力”，并且带来“一股强大的内在知觉流”。这意味着我们处理的信息比平时多得多，或者用玛丽安娜·弗兰肯豪泽的专业词汇来说，“心理内容的数量”得到增加，从而延伸了我们对时间流逝的感受。在邬斯宾斯基的例子中，他在几秒钟内吸收的知觉信息和心理信息数量，可能与他平时在几天内吸收的数量一样多，因此几秒钟的时间才会令人感到无比漫长。

自我意识也是一个重要因素。众所周知，成瘾性药物有“抑制自我意识”的效果。事实上在某些情况下，自我意识甚至可能完全消失，只留下一种虚无感，令人感到可怕却放松。作为独立个体的意识连同记忆、观点、个性特征等全都消失了，我们可能会感觉自身与世界融为一体，不再分隔。由于我们的时间流逝感与自我意识的发展密切相关，因此显而易见，这会增加成瘾性药物使时间延伸的效果。成瘾性药物可以消除自我意识，从而使我们“脱离时间”。

有趣的是，其他药物似乎与成瘾性药物不同，它们并没有延伸时间的效果。另一位心理学家斯蒂芬斯·纽厄尔（Stephens Newell）

针对不同药物对时间感知的影响展开了长期、系统的研究，并得出结论："药性较强的成瘾性药物（比如摇头丸和其他致幻类药物）具有减慢或停止时间流逝的效果。"不过，他也发现酒精和海洛因的效果与成瘾性药物完全相反，它们实际上使时间流逝得更快。其他研究表明，摇头丸、大麻和安非他命往往会延伸时间，而镇静剂和酒精通常会让人过多估计流逝的时间，造成时间加快的效果。

这一结果虽然乍看起来可能有些反常，但实际上有其道理。因为这些药物都是抑制性药物，它们非但没有打开感知之门，还将我们与现实隔离开来，削弱我们的意识，以此减少我们处理的信息数量。可能还有一点重要因素，即酒精似乎还有增强自我意识的效果。社会学家约翰·阿彻（John Archer）在《男性暴力》（*Male Violence*）一书中写道："酒精创造了一种强烈的权力感和自我重要感……使个人身份更易受到威胁。"既然当自我意识结构比正常情况下薄弱时，人们会感觉时间流逝减慢，那么可以做出合理的假设：当自我意识结构比在正常情况下强烈时，人们会感觉时间流逝加快。酒精的作用原理可能便是如此，它使我们的自我意识变得更加强烈，从而更受制于时间。

时间和精神分裂

当"感知之门"打开时，我们所感受到的意识增强状态并不总是一种积极体验。"新世纪"风潮的号召者们常把自我意识视为可怕的敌人，认为人们必须将其摧毁；但是其实，真正的问题不是自我意识本身，而是我们的自我意识发展得太过强大、无法控制，导致我们与宇宙万物过于分离。的确，在某些方面，自我意识确实是我们的敌人。但同时，我们也需要它，需要完整统一的自我意识来做出决定、与他人互动、完成生活中的实践任务和琐碎事情，等等。当我们的自我意识不再稳定，或者当“自我意识系统”完全崩溃时，精神疾病往往就会随之产生，症状通常表现为妄想、错觉、失真感，甚至无法感觉身体的界限。正如肯·威尔伯所说的那样，摧毁自我意识并不能使自己开悟，反而会导致精神错乱。

然而，这种自我意识结构的崩溃也常常意味着脱敏机制停止运作，因此伴随着其他症状，精神分裂症患者往往会产生极强烈的意识状态。心理学家研究发现，精神分裂症的特征之一是“知觉高度敏锐”，或者感觉“新体验的原始数据高度锐化”。朱利安·杰恩斯（Julian Jaynes）的表述或许更为生动：“精神分裂症患者几乎被大量感官数据淹没……他们似乎更直接、更完全地投入周围的物质环境，有着更为强烈的入世感。”虽然这听起来像是一件积极的事情，但精神分裂症患者由于自我意识不稳定，因此无法控制自身感官，不能主动转移注意力。这样一来，他们便会感到迷失、困扰、甚至觉得被这个世界的强烈现实所威胁。精神病学家沙利文（J.S.Sullivan）写道：“以精神分裂症患者的视角，周围的物体好似全都受到万物有灵论的影响，变得富有生命和灵性，从事着种种不祥的行为活动。这是了解精神分裂症患者心理非常必要的一点，但也是常人所不能理解的一点。”

因此，精神分裂的另一个常见症状是时间感的扭曲。患者常常无法准确估计时间间隔的长短，也不能区分发生过的事件和预期要发生的事件，因为他们的思想断断续续，没有逻辑次序。缺乏正常的时间感意味着他们很难合理安排自己的生活——经常失约，过着没有规律、没有安排的生活。但最重要的是，对于精神分裂症患者而言，时间流逝得异常缓慢，因为他们吸收了大量知觉信息，而且他们的自我意识结构脆弱（或完全缺失），正如杰恩斯所述："病人可能会抱怨时间停止，或者抱怨一切似乎都变慢或暂停。"

莫尼姆·梅利吉（Moneim El-Meligi）博士在他的论文《探索精神障碍患者的时间观》（*Exploring Time in Mental Disorders*）中，阐述了两个精神分裂症患者的案例研究，其中他着重关注了患者对时间的感知。第一个案例的主人公是一位 33 岁的"轻躁狂者"，每周工作超过 80 个小时，他抱怨说："这一天实在太漫长了，我都不敢看时钟或者手表。"梅利吉博士问他觉得今天的时间过得有多快，他回答说："今天的时间可真奇怪，我怎么都想不通，你说现在已经到中午了，但我还以为现在才上午九点。"

第二个案例要严重得多，主人公是一名 23 岁的美国男子，患有严重抑郁症，伴随着感观扭曲的症状。这意味着，即使是举杯或喝水这样简单的动作对他来说也非常困难，因为在他看来，杯子变得越来越大。这名男子告诉梅利吉博士：

> 时间是世界上最坏的东西，它实在太漫长了。我简直无法想象一个月的时间有多长，时间似乎无穷无尽（梅利吉博士指出，对时间的倦怠感使病人无法享受任何乐趣，例如，他不能

完整地观看一集电视节目或一场棒球比赛）。我就是看不到时间的结束，它漫长到让我无法期待。我讨厌时间，可它看起来却如此真实。我努力让自己睡觉，试图战胜时间，但是一点用都没有。

对于这种情况还有另一个可能的因素，即精神分裂症患者要比正常人处理更多的心理信息，他们的思想似乎转换得更快，思维过程比正常人的大脑更混乱。下面对精神病发作的描述清楚地说明了这一点。

内心体验转换得如此快速……比外部每分钟正常发生的情况多得多。结果产生了慢动作的效果……内心体验的加快导致外部世界明显变得越来越慢。

时间和催眠与睡眠

在某种程度上，催眠完美地例证了心理时间的第三条规律（“专注状态下，时间会加快”）。就像我们在看电视时，有时会进入一种类似催眠的状态，在这种状态下，我们处理的知觉信息和思维信息数量都下降到极低的水平。被催眠时，我们全神贯注地遵循催眠师的指示，完成他交代的任务，我们实际上是进入了高度专注状态。因此，无怪乎《专业人员催眠手册》（*Handbook of Hypnosis for Professionals*）的作者罗伊 · 尤多夫（Roy Udolf）会说：许多催眠被试过少地估计了时间，通常少了 40% 左右。事实上，一些治疗专家认为，催眠可以让不愉快的情况更快过去。例如，催眠治疗师保罗 · 古斯塔夫森（Paul Gustafson）建议将催眠用于牙齿治疗，他写道："催眠可以成为一种辅助镇痛的手段，从而有效帮助牙科病人。它能有效地缓解预期焦虑，并扭曲时间感知，从而加快治疗过程。"

也许只是在较为"浅层"的催眠下，当自我意识结构仍然完好无损时，才能发挥这种效果。可能还存在着深度催眠，使自我意识完全消散，时间急剧减慢或完全消失，在这个层次上，只需要催眠师一个简单的指令，就能将你带入无时间的永恒领域。

例如，心理学家巴伯（Barber）和卡尔弗利（Calverley）在1964年进行了一项实验。首先，心理学家会给予被催眠的那组被试一些"时间减慢"的暗示；然后给他们一张上面写有12个无意义读音的列表，让他们学习；最后，请他们估计做这件事所花的时间。实际用时是5分钟，由另外16名非催眠者组成的对照组（没有学习读音的任务）平均估计时间为4.2分钟，而被催眠这组平均估计时间为89.1分钟。

然而，说到催眠能够有效减缓时间，最引人注目的证据当属被催眠者所能做到的那些不可思议的举动，就像运动员在巅峰状态下的表现，在正常情况下这是不可能达成的。心理学家戈尔达娜·维塔利亚诺（Gordana Vitaliano）交代给催眠对象一项复杂的数学任务，解答这项任务通常需要10分钟左右，但他们却仅用15秒就解开了。在另一项实验中，一名催眠师假装放慢节拍器的速度，从而减缓催眠对象的时间感，让他们相信节拍器每分钟只跳动一次；然后告诉他们有一个小时的时间来完成某项意识任务，比如计划一顿复杂的大餐。事实上，催眠师只给了他们10秒时间来思考，但他们回馈的答案却周密细致、有理有据，在正常情况下，没有一个小时是不可能想出这么详细的答案的。类似地，一个被催眠的女人在不到一分钟的时间内就完成了几件衣服的设计，事后她说她觉得在这一分钟内，经历了好似一个小时或更多的时间。

事实上，这些效果很容易产生，因此一些催眠治疗师和神经语言程序老师将催眠作为“加速学习的工具”。他们说，通过自我催眠，我们可以创建一个“时间扭曲”的状态。在这种状态下，我们可以在几秒钟内回顾或吸收大量信息。

当然，睡眠也是一种无自我意识状态。事实上，自我意识（或正常的思维意识）正是在睡眠中沉睡的那一部分结构。在第 4 章中，我阐述过由于大脑处理信息的缺乏，我们在睡眠中通常会产生时间流逝加快的感觉。无梦睡眠类似于昏迷，即一种游离或假死状态，但当我们做梦时（通常每晚 1.5 个小时左右），便大有不同了。在梦中，时间流逝的体验往往与平日正常的体验相当接近，但有时也会像深度催眠一样，将时间大大延长。顺便说一下，你可能会产生疑问：做梦是不是一种无自我意识状态？难道不是自我意识在做梦吗？但正如我在本章前面提到的那样，我们头脑中还有一种意识，其独立于自我意识存在，即使自我意识缺失，我们仍然可以处理信息、了解自身感觉。

几年前，我在去往马来西亚的长途汽车旅行中睡着了，梦见我回到了大学时代。这并不是一个特别有趣的梦（我妻子常说我做的梦实在无聊又沉闷，令人难以置信），在梦中出于某种原因，我决心为大学足球队踢球，接着我便出现在训练课上，但是却发现忘记穿足球鞋了；然后我意识到队里其他人都是我不喜欢的大学舍友，不管怎样我还是踢了一场比赛，但是舍友始终试图踩我的脚趾，而且我的脚一直陷在泥里；比赛结束后，我不得不和他们一起洗澡……我就不继续往下讲了，但最重要的是，对我来说，这个梦似乎既漫长又复杂。在梦中我大概经历了三个小时，而我也确实觉得自己好像经历了这么长时间。之后，汽车司机打开了车载电视，因为还没有调出台，电视发出响亮刺耳的嗞嗞声将我吵醒。我看到车似乎还停留在我睡前看到的同一个城镇，不禁感到困惑，于是问妻子我睡了多久。当她说“没多久，大约五分钟”时，我真是惊呆了。19 世纪的法国哲学家让–马利 · 居友（Jean-Marie Guyau）讲述了一个相似的案例，一个学生睡着了几秒钟。在这几秒内，他梦到自己去了意大利，游览不同城镇，参观各种纪念馆，还遇见了很多人，他经历了那么多，感觉自己好像睡了几个小时。此外，我曾听一位作曲家说，一天半夜，当他快要睡着时，突然听到隆隆的雷声，由此得到灵感，创作了一首曲子。雷声可能只是持续了几秒钟，但在他听来，似乎响了很久，至少有好几分钟，因此他试图在音乐中再现那漫长而单调的咆哮。

这些效果与催眠状态下的时间大大延伸十分相似，而且充分地例证了心理时间的第五条规律的运作。在第 8 章中，我们会了解到催眠和睡眠都能以另一种显著的方式影响我们的时间感：让我们脱离线性时间，在当下体验过去和未来。

其他情况

到目前为止，我们一直在本章中探索自我意识的休眠状态，包括因震惊而麻痹、因极度专注而超越、因药物或催眠而暂时休眠、因精神疾病而进入无我状态。当然，自我意识的缺失程度也至关重要，它不一定完全麻痹或消失，可能只是部分被破坏，在这种状态下，时间感知受到的干扰比较小。

以自闭症为例，患者经常无法正确衡量时间。心理学家形容他们“迷失在时间漩涡当中”，且缺乏时间感这一直觉。正是这一直觉使我们大多数人能够大致猜出时间，并估计事件持续的时间。而他们没有时间段的概念，无法判断是几分钟、几小时还是几天，他们既感觉不到事件持续多长时间，也感觉不到要等多久事情才会发生。亚斯伯格症候群（有时被称为“高功能自闭症”）患者告诉我：“我根本没有时间概念，完全不知道事情会持续多久，也不知道要过多久之后去做其他事情。没有手表我就彻底迷失了，即使戴了手表，我还是常常迟到。”

耐人寻味的是，自闭症患者似乎比其他人更容易受到心理时间第三条规律（“专注状态下，时间会加快”）的影响，这可能是因为他们更容易进入超高度专注状态。当他们完全集中注意力时，也许不仅会觉得时间过得很快，甚至还会觉得时间完全消失了。下面一位自闭症患者讲述了他在从事所谓的“非常枯燥的数据输入工作”时对时间的体验：

> 这份工作总是让我惶恐……我需要检查复印件，确保将它正确地输入系统。每一天，我都会在某个时刻深呼吸、眨眨眼，然后意识到六个小时已经不知不觉地过去了，而我却记不起在这段时间里发生过的任何事情。我知道自己发现了错误、改正了错误，也处理了成百页文件，但是对于过去的几个小时，我却什么都记不得了。更让我惶恐的是，当我发现自己在工作中从来没有犯任何错误时，我好像变成了一个完完全全的机器人。

诵读困难症患者也经常以一种类似但不那么严重的方式与时间做斗争。当人们诊断自己是否患有诵读困难症时，诊断专家通常会询问他们的时间感如何——是否经常约会迟到，是否难以安排日常生活中的时间，是否在孩童时代难以学习辨别时间，等等。典型的诵读困难症状除了包括动作笨拙、方向感差、难辨左右，还包括时间感差。就像自闭症一样，诵读困难症患者似乎还缺乏判断时间长短的直觉。《阅读障碍的天赋》（*The Gift of Dyslexia*）的作者戴维斯（R.D.Davis）指出，患者的时间感是扭曲的，因此他们无法均衡地体验时间。他写道："一分钟可以很漫长，也可以很短暂，但从来都不同。"

遗憾的是，我们还不知道究竟是什么原因导致自闭症和诵读困难症患者与正常人如此不同。心理学家西蒙·巴伦-科恩（Simon Baron-Cohen）将自闭症描述为一种"移情障碍"，使患者无法与他人产生共鸣（绝大多数自闭症患者是男性）。自闭症患者自我沉浸、感情缺失，他们不擅长沟通，也不能理解别人的情绪或反应。巴伦-科恩认为大多数男人都有这种性格特征，只是程度较小罢了（毕竟，女人们最常抱怨这一点），可以将自闭症患者的大脑看作“极端的男性大脑”，当典型“男性心理”发展到顶峰时，就会产生自闭症。

一个有关诵读困难症的理论是，诵读困难症与大脑的两个半球及其不同的功能有关，患者大脑半球的工作方式似乎有所不同。华盛顿的国家儿童健康和人类发展研究所开展的一项研究显示，诵读困难症儿童的大脑左半球发育较差，尤其是左半球后部比正常情况下明显小得多，而正是这一部分负责进行有逻辑、有顺序的思考活动，并处理语言和交流信息。换句话说，诵读困难症患者的“左脑”并不像大多数人这样功能健全。我们之前了解到，时间感属于一项左脑功能，所以诵读困难症患者无法准确辨别时间也就能解释得通了。然而，上帝为你关闭了一道门，便会为你打开一扇窗——诵读困难症患者的右脑往往占主导地位，这意味着他们比平常人具有更好的空间意识、形象和直觉思维。因此，许多诵读困难症患者在创作和艺术上颇具天赋。

重点是，患有自闭症和诵读困难症的人无法正常发展自我意识系统，使之遭到破坏（破坏的程度各异）。由于时间感知能力与自我意识系统紧密相关，他们的时间感知能力也会不可避免地轻微扭曲。

积极的觉醒

本章中提到的种种体验都展示了一个共同点：我们的时间感与自我意识紧密联系，一旦自我意识以某种方式被扰乱或陷入休眠，时间就会骤然减缓或完全消失。这表明，从某种意义上说，我们对均匀流动的线性时间体验不过是由自我意识创造出的一种构想，甚至是一种幻觉。孩子们在自我意识发展之前感受不到时间的存在，而我们在本章中看到的证据也表明，在自我意识之外并不存在时间，就像在梦中貌似真实的经历，醒来后却都成了泡影。

于是，我们现在能够对本书的核心问题做一个初步解答：我们如何减少时间对自己的约束，并阻止它在生命中如此迅速地流逝？既然我们知道时间加快的原因是自我意识的发展过于强烈，而且在生活中吸收的知觉信息过少，那么我们所需要的就是找到一种抑制或削弱自我意识的方法，从而让我们“觉醒”，关注周围现实，从中吸收更多知觉信息。

但是我还是得说明，你可能会想，这么做是想让我们服用成瘾性药物，还是想让我们精神崩溃继而患上精神分裂症，或者干脆让我们永久地被催眠呢？的确，这样做也许会让你觉得自己好像活了几千年甚至更久，但是毋庸置疑，这些做法有太多缺陷，并不可取。事实上，那个“思考着的你”甚至已经不再存在，根本无法意识到自己所经历的千年漫长岁月。因为不论是催眠还是精神分裂症，抑或是长期频繁使用成瘾性药物，它们都会让人的自我意识系统瓦解（虽然在催眠情况下，它只是暂时的）。无论如何，没有人认为生命的延长值得付出忍受精神分裂折磨的代价，就像没有人愿意忍受长久无聊的生活，即使这会使生命大大延长。

不过，这并不意味着我们无法生活在一种觉醒或无自我意识的状态，以减慢时间。药物和精神分裂症是负面的意识增强手段，要以牺牲心理健康为代价。事实上还存在一种积极的手段，让我们有可能生活在一种意识增强而自我意识结构减弱的状态（使时间感得以延伸），而且没有这些不良的副作用，我们将在下一章中了解这一点。

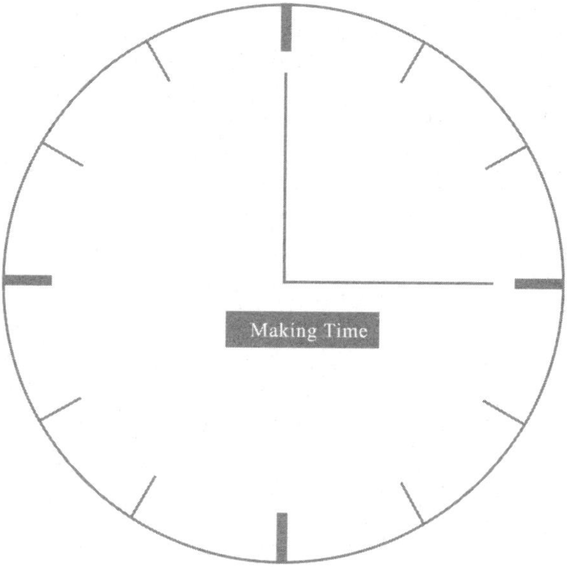

第二部分

时间是什么，它是否真正存在

第6章

不同文化背景下的人们对时间的理解

在不同的心理状态下，人们对时间的感知不同；在不同的文化背景下，人们对时间的理解也不同。

西方人倾向于把时间看作一个线性过程，就像一条河流，从过去流向现在，再从现在流向未来。过去是一个无底垃圾箱，装载着那些曾经发生、如今无影无踪、以后也不会重现的时刻；而未来是一个无穷序列，排满了那些等待发生、到来之前却不可知的时刻。线性时间的观念贯穿了犹太教和基督教的信仰，认为世界有开始、有结束，时间随着世界的产生而产生，也将随着世界的结束而结束。正如圣奥古斯丁写道："世界与时间一同被创造，而非在时间之中被创造。"基督教教会对循环时间观念的敌意，是其普遍抵制其他宗教的原因之一。循环时间根植于自然，根植于日夜更替、日升月落、季节轮换与年份周期，基督教以崇拜超越自然、至高无上的上帝，取代了以自然为基础的宗教信仰，而否定循环时间观念正是这一过程的一部分。此外，教会还建立了一种无关自然的"超然"时间观，圣奥古斯丁清楚地说明了这一点："只有树立正确的

（时间）直线进程观念，我们才能摆脱由那些虚假和不诚实的智者发现的错误循环理论。”

时至今日，许多科学家提出了严密的线性宇宙观，即宇宙产生于大约 160 亿年前的大爆炸，当时大团物质爆炸，慢慢形成星系、恒星和行星。大爆炸的力量使所有星系和恒星继续向太空扩展，但在未来的某一时刻，最初的爆炸力会消亡，引力将使它们再次向彼此靠拢，最终整个宇宙将在“大挤压”中崩塌，不再存在（但其他科学家认为宇宙只会永远保持分离）。换句话说，时间有开始、有结束，这一点与犹太教或基督教的时间观相同。

然而，在历史的长河中，这种时间观实属异常。到目前为止，世界上大多数文化都没有线性时间观念。南美洲的玛雅人认为每 260 年同一事件模式便会重复一次，这是为期 5 000 年左右的“大时间周期”的一部分，目前这一周期于 2012 年结束。虽然听起来很恐怖，但这并不一定意味着世界将在那时结束，在玛雅人看来，“世界末日”并没有什么实际意义，因为世界已经被多次创造和毁灭，而这个周期将永远持续下去。古希腊人设想 36 000 个太阳年构成“柏拉图年”（great year, 也译为“大年”），一些希腊学派认为，历史会以完全相同的事件和人物原原本本地重演。例如，斯多葛学派（Stoics）将这种无休止的重复称为轮回（palingenesia），但在古希腊，更为普遍的观念是，每个周期都会经历相同的阶段，具有相同的事件模式。类似地，古印度人认为历史由四个年代 [或大时代（mahayugas）] 组成，在这四个时期，某些特征和行为是普遍存在的，它们总共持续了将近 450 万年，然后再不断重复。然而，这些不过是宇宙整体周期中的一个小小的子周期，宇宙整体周期也就是所谓的“劫”（kalpa），包含宇宙从诞生到复归沉寂的过程，每一劫为 1 000 个大时代，约为 45 亿年。在劫与劫之间会有一段时间空白，然后宇宙会再次显现，历史重新开始循环。

无时间的文化

循环时间的观念仍然意味着时间是流动的，不过时间不是无限期地向前流动，而是流向某个特定点，然后返回起点重新开始。然而，曾经对一些土著民族来说，时间似乎是完全不流动的。

我之所以说曾经，是因为很不幸，当今世界的土著文化几乎都与西方文化有一定的接触，自身文化或多或少受到破坏，只有少数土著文化得以完好保存。在大多数研究领域，调查的年代越久远，重要性就越小，但这并不完全适用于人类学。事实上，尽管较早的人类学研究可能因不同时代的偏见而受到影响，但是它们往往比当代研究更有效，因为早期的人类文化，往往更接近于与外来文化接触前的原始状态。在过去三四十年间，这种文化破坏的过程一直以毁灭性的速度继续，这是西方资本主义在全球扩张中留下的最令人惋惜的一面（这也解释了为什么我在本章中提到的许多人类学研究都是在 20 世纪初到 20 世纪中期展开的）。

许多人类学家对土著民族所表现出的非凡耐心感到震惊。例如，在 20 世纪 70 年代，人类学家安德鲁·米勒克尔（Andrew

Miracle）和胡安·德·迪奥斯（Juan de Dios）研究了生活在智利的艾马拉印第安人。他们惊讶地发现，艾马拉人似乎对于花整整一个下午来等待卡车带他们去市场这件事并无不满，不管要等多久，都没表现出一点失望之色。同样，人类学家爱德华·霍尔（我之前提过的《生命之舞》的作者）从20世纪30年代开始在美洲土著保留地工作，他注意到印第安人似乎从不会因为等待而感到困扰。欧洲人失去耐心、坐立不安、变得烦躁是常见的现象，而据他所见，在贸易站和医院等待的美洲土著人却没有表现出任何不耐烦的迹象，即使他们需要等上好几个小时。他写道：

> 印第安人可能会在早上走进一家机构，下午仍会耐心地坐在主管办公室外面，在此期间他的姿态和举止都不会有任何改变；而我们白种人在这种情况下就会动来动去、站起来、坐下去、走到外面、望着朋友们工作的区域、打哈欠、伸腿……印第安人只是坐在那里，偶尔和其他人交流。

当然，毕竟这些只是欧洲裔人类学家的观察，他们怎么能确定美洲原住民的想法和感受呢？也许印第安人也会因为等待而感到烦躁，只是擅长伪装而已。然而，另一种可能是，他们确实不会感到烦躁，因为他们没有西方的线性时间观念，所以不觉得“宝贵”的时间白白地流逝了。西方人讨厌等待，一方面是因为我们把等待看作对时间的“浪费”，另一方面是因为我们能敏锐地意识到未来即将发生的事件，并且希望尽快达成。我们憎恨那些将我们与未来事件分隔的时刻，希望这些时刻尽快过去。但如果你不把时间划分成过去、现在和将来，你可能就会对等待有不同的态度，比如单纯地享受“现在”的放松，而不会感觉被未来牵引向前。

在 1933 年至 1937 年间，霍尔与亚利桑那州的霍皮人和纳瓦霍人生活在一起，他渐渐发现这两个部落的人们生活在一种永恒的“现在”当中。他指出霍皮语没有表示时间的词汇，而且他们的动词没有过去、现在或将来时态之分。他写道：“对霍皮人来说，时间的体验更加自然，就像是呼吸一般，是生活韵律的一部分。”霍尔还了解到，苏族语言当中也没有表示时间的词汇，而且没有表达“迟到”或“等待”意思的词汇，一位受过西方教育的苏族人告诉他：“苏族人不知道等待或迟到是什么。”

另一位美国人类学家芭芭拉·特德洛克（Barbara Tedlock）在 20 世纪 70 年代与危地马拉的基切人（印地安民族之一，玛雅人的后裔）一起生活了几年，也得出了他们没有线性时间观的结论。她指出我们把时间分隔为未来和过去的“时刻”，但对于基切人来说，“时间并没有被规定为过去、现在或未来，他们可能已经把时间和作为时间判断依据的事件分开来看待了”。

世界上许多土著民族似乎都是这样。传统上，他们对时间几乎没有概念，甚至很少有表示时间或表示未来和过去的词汇。人类学家罗伯特·劳勒（Robert Lawlor）在《第一天之声》（*Voices of the First Day*）一书中指出，在澳大利亚的数百种不同的土著语言当中，没有哪种语言有表示时间的词汇，也没有任何传统土著民族有时间的概念。在 20 世纪 30 年代，英国人类学家埃文斯·普里查德（E.E.

Evans-Pritchard）与苏丹南部的努尔人生活在一起，从而创作了一本最著名的人类学书籍——《努尔人——对尼罗河畔某个人群的生活方式和政治制度的描述》（*The Nuer: A Description of the Modes of Livelihood and Political Institutions of a Nilotic People*），在埃文斯·普里查德的描述中，努尔人的生活也“没有时间界定”：

> 努尔人以非常短的间距来看待时间，从某种意义上说，他们是一个无时间的民族……他们没有词汇能够表示欧洲意义上的时间，在他们的概念中，时间并非一种抽象事物，既不能被浪费、节约，也不会流逝。

西方人的时间观

在西方，情况恰恰相反，西方人的线性时间观念极其强烈，因此西方人认为有必要为其所经历的不同时间间隔命名并计数。我们总是能清楚地知道自己处于时间的什么位置，比如今年年龄多大，今天是哪一年、哪一周、哪一天，就好像我们的生命是一场旅程，我们需要时刻知道走了多远、走到了哪里。但是很多传统的土著文化似乎并没有这种需求，他们不去计算生活过的年头，也不以年为单位计算自己的年龄。

另一位颇具影响力的早期人类学家欧文·哈洛韦尔（Irving Hallowell）在20世纪30年代与加拿大北部的索尔托印第安人生活在一起，发现他们几乎不使用“年”这样的时间单位，也不认为一年包含特定的天数；他们不会把人的年龄计算为特定的数字，而是拥有一种更广泛的年龄类别，比如幼童或青少年。人类学家大贯惠美子（Emiko Ohnuki-Tierney）于 20 世纪 60 年代研究了日本北部的阿伊努人，他们生活在很偏远的地区，那里的文化还未受到严重破坏。她发现阿伊努人不会区分一周中不同的日子，他们区分日期的唯一时间标记只有几个表示明天、后天、昨天和前天的词汇；他们也不计算年份或追究年龄，记录过去事件的唯一标记是在同一时间发生的其他事件或者每年定期发生的自然现象。也就是说，对于阿伊努人或索尔托人而言，他们不会说“我的兄弟是在 1992 年去世的”，而是可能会说“我的兄弟是在发生森林火灾时去世的”，或者“我的兄弟是在我们清理这块土地时去世的”；同理，他们不会说“我的孩子是在二月份出生的”，而是大概会说“我的孩子是在第一次霜冻时出生的”，或者“我的孩子是在鲱鱼迁徙时出生的”。

从这里能够看出，西方人的时间观念与土著民族的时间观念之间还存在另一主要差异。对西方人来说，时间是一种抽象概念，人们用来度量生命的秒、分钟、小时和星期在自然中并没有对应的现象，它们只是人为的数学时间划分。当然，天、月、年都是真实的自然现象，但是当人们赋予它们不同的名字、为它们编排顺序时，它们也就变成了抽象概念。事实上,“星期一”“二月”或“2006 年”并非真实存在——地球只是不停地自转，月亮也只是不停地绕地球转动，地球也不停地绕太阳转动。

但在许多土著文化中，时间与自然不可分割。例如，大洋洲特洛布尼恩德岛的居民所使用的唯一记录日期的方法，与他们每年的种植工作周期相关联。他们会说，某一特殊事件曾经发生于或即将发生在清理灌木时节、焚烧秸秆时节、播种时节、除草时节、藤蔓修剪时节或收获时节。然而，对于何时一年结束、另一年开始，他们并没有普遍统一的观点，也没有必要确定一个特定的时间，因为就像阿伊努人和索尔托人一样，他们不认为"年"是按顺序排列的。

同样，欧洲的月份大多以老式的罗马神名字命名，而西伯利亚北部的汉特人则以他们在当月举行的活动和发生的自然现象来命名月份，有几个月份叫作"裸树月""行人月"①"乌鸦月""松树边材月"和"鲑鱼梁月"。

换句话说，对于这些民族而言，时间并没有作为一个独立概念而存在，而是用来度量自然事件的周期或自然过程的持续时间，作为自然世界的一个方面而存在。然而，在西方文化中，时间与自然脱节，这在一定程度上反映了我们对自然世界的普遍疏离感。

不同的时间观念造就了不同的行为习惯：西方人会根据人为规定的时间得知什么时候开始某项活动，而土著民族通常更倾向于等到合适时机或自然现象给他们特别的信号，或他们本能地感觉到所有条件已经完备时，才开始做某事。例如，玻利维亚的莱科人从来都不会设定一个开始捕鱼的特定时间，而是等到蝙蝠在水面上盘旋才自然而然地开始捕鱼。非洲南部喀拉哈里沙漠的桑族人只有在评估过环境和动物的行为，确信"幸运的时刻"已经来到之后才开始

① 当月地面结冰，人们不能骑马，只能步行。

狩猎。我上述的两个例子皆来源于当代作家杰伊·格里菲斯（Jay Griffiths），他说："在我所了解或读过的每一个土著民族的文化中，社会交往中的时间都是不确定、不可预测、灵活变动的。"

鉴于此，许多早期人类学家的发现便不难理解了。他们发现土著民族对我们所谓的"守时"这一概念态度非常松懈，守时意味着受人为规定的时间支配，需要让时间而非真实情境告诉你该做什么。对许多土著群体来说，西方人所谓的"准时"这一概念毫无意义。据欧文·哈洛韦尔描述，索尔托人举办仪式从来没有固定的时间：当首领感觉时间适宜时，就会开始敲鼓，在接下来的几个小时里，人们会随时到达。此外，哈洛韦尔也指出，如果他想安排一个特定时间与他的美洲土著线人见面，线人通常会让他等上几个小时。爱德华·霍尔也指出，普韦布洛人往往会等待时机成熟，然后立即举行活动。他讲述了曾经去格兰德河附近参加圣诞舞会的故事，他在那里等待了好几个小时舞会才开始。在等待的那段时间内，其他白人游客不耐烦地喃喃自语、抖动、跺脚，而普韦布洛人却丝毫没有显示出任何急迫的迹象，最后到了午夜，白人几乎筋疲力尽，而当地的普韦布洛人却开始爆发出阵阵鼓声、敲击声和深沉有力的男性歌声。然而，你可能还是会质疑这只不过是霍尔的假设，认为他不可能了解印第安人内心的真实感受，也许他们也同样不耐烦，只是把不耐烦隐藏起来罢了。但这确实表明，与桑族人和彼利维亚土著人相同，普韦布洛民族的文化是没有时间压力的，他们会在本能地感觉到所有条件都完备时才开始某项活动。

你是关注过去和未来，还是现在

据人类学家的报告显示，与欧洲人相比，土著民族对未来和过去的关注要少得多。我们之前了解到，我们对未来和过去的感觉使我们对现在产生了疏离感，我们花费太多时间思考过去和未来，从而忽略了真真切切生活着的现在。但从传统上来看，许多土著文化更倾向于“以现在为中心”。有些土著文化对未来和过去漠不关心，甚至不在二者之间做辨别，以加拿大巴芬岛因纽特人的方言为例，“*uvaitiarru*”一词既指遥远的过去，也指遥远的未来。20 世纪 30 年代，爱德华·霍尔在霍皮和纳瓦霍保留地工作，他发现印第安人对未来期限并没有什么概念，因此那些原本几年前就该完工的房子仍然没有窗户或屋顶，原计划在三个月内建成的水坝在一年后仍未完工。他还指出，如果你告诉纳瓦霍人，你会在秋天将自己最好的冠军赛马送给他，他会失望地走开；但如果你告诉他，此刻他就能牵走你那匹疲倦的老马，尽管这匹老马膝盖外翻，还有内八字脚，他也会欢欣雀跃。也许霍尔想得过于简单，美洲土著人之所以对完成这些项目不那么热衷，真正的原因可能是这是他们的一种文化，他们的行为不过是受文化驱使罢了，或者他们的行为根本与文化无关。然而，考虑到对土著人时间观念的其他观察，霍尔确信他们缺乏面向未来的心态，他写道：“对纳瓦霍人来说，未来既不确定、也不真实，他们既不对未来感兴趣，也不会因未来的‘奖励’而受到鼓动。”

霍尔认为，部分问题在于，欧洲的线性时间观念意味着人们需要具备霍尔所定义的“单一时间取向”，即通常一次只做一件事，全神贯注于一项任务，并且尽可能地在最短的时间内完成它，然后再去做下一个待办事项。但根据霍尔的观察判断，霍皮人和纳瓦霍人按照“多元时间取向”行事，即对他们来说，完成一项特定任务没有那么重要，他们很乐意同时做几件不同的事情。

人类学家的报告表明，一般而言，土著民族对过去也没有什么概念。人类学家莫里斯·布洛克（Maurice Bloch）指出，非洲的一些民族，比如哈兹达和姆布蒂民族，从不谈论过去，也没有“历史”的概念。许多土著民族没有世代口述相传历史的传统，也很少关心过去的事件和重要人物。虽然大多数土著民族有某种形式的起源神话，但这些绝非我们理解意义上的“历史”，西方（或中东）的起源神话是一种清晰的叙述，描述事物被接连创造的过程，而土著民族的起源神话则与此不同，而且他们并不认为世界的创造是一个完整的或者在过去已经发生了的事情。以下是另一位著名的美国人类学家埃尔曼·R. 塞维斯（Elman R.Service）对特罗布里恩群岛居民的描述（遗憾的是，他在描述中使用了贬义词“发展较低下的原始人”）：

> 在特罗布里恩群岛居民的天体演化理论中，他们显然是没有历史观念的。他们认为所有的一切，包括农业、巫术、法律、人本身、岛屿，全部都是一次性地形成并成熟，而且一直保持此状态存在的。特罗布里恩群岛居民就像许多土著民族一样，不以发展的眼光看待事物或现象，他们认为事物的存在是不会发生变化的。因此，他们的语言当中没有表示“将成为”

或“将变成”这样的词汇。

巴西的皮拉罕人没有任何起源神话，也没有任何关于过去的概念。如果问他们世界是如何形成的，或在过去某一时刻发生了什么，他们只会回答说：“一切都是一样的，事情总是那个样子。”民族学家丹尼尔·埃弗里特（Daniel Everett）和他们一起生活了共计七年（从20世纪70年代末开始），并对皮拉罕语言进行了详细研究，他发现皮拉罕语没有动词的过去式，也几乎没有任何与时间相关的词。此外，皮拉罕人似乎毫无顺序感，从不使用从句来说明事件的顺序（比如，他们不会说“狩猎完，我将回家”之类的句子），并且从不使用数字。埃弗里特认为他们对过去没有兴趣，因为他们充实地生活在现在，如果一件事情并非发生在此刻，它就没有任何价值，也没有谈论它的必要。对此，埃弗里特说道：“他们所有的体验都基于当下。”

据欧文·哈洛韦尔的观察，索尔托人事实上具有一定的历史感，但这仅限于150年之内发生的事情，150年以前的时间属于神话般的过去范畴，这期间的事情都不再用时间来定义。索尔托人也会说起“在相当久远的年代，那时地球还很年轻，巨型动物和神秘的生物一起生活……”但是在他们的叙述中，这些事件并没有固定的顺序。哈洛韦尔表示，对他们来说，“所有描述时间的途径都非常狭隘，仅用于不远的将来、不久之前和即时活动”。

在澳大利亚土著民族的传统文化中，现在和过去也没有明显的区别。根据他们的神话，世界创造于“黄金时代”（Dreamtime）——

巨型生物跨过地球表面，留下足迹，变成山脉、湖泊、海洋和其他地形地貌。但“黄金时代”并不是一个久远的、早已完结了的历史时期，据澳大利亚学者保罗·怀尔德曼（Paul Wildman）研究，从某种意义上说，“黄金时代”仍在继续，世界仍处于被创造的过程当中。

土著民族为何会有这样的时间观念

那么，为什么土著民族对于时间的概念如此模糊？为什么他们似乎没有线性时间观？为什么他们随意不给时间单位系统命名？为什么他们似乎对未来和过去漠不关心？

答案很可能与心理时间的第五条规律有关。我们已经了解到，在西方社会，强烈的线性时间观是自我意识的产物，在长大成人的过程中，它随着自我意识的发展而增强。土著民族的时间观模糊，可能是因为他们的自我意识没有我们的那么强烈和独立。

较弱的自我意识结构

在《坠落》一书中，我试图表明，这是现代欧亚民族与传统土著民族之间的根本区别：与我们不同，土著民族并不作为个体而存在，他们的身份与其他人或自然是不可分割的，社会和土地是他们存在的一部分，是自我的延伸。法国早期的人类学家路先·列维-布留尔（Lucien Levy-Bruhl）报告说，土著民族在谈论他们的族群时会使用“我”一词；当代人类学家乔治·B. 西尔伯鲍尔（George B. Silberbauer）则指出，对于喀拉哈里沙漠的桑族人而言，“身份”更多的是指群体，而不是个人，也就是说，一个人会以其亲属或其他群体的身份来认同自己。斯派克·博伊德尔博士（Dr Spike Boydell）在 2002 年写道，据他观察发现，即使是现在，斐济的土著民族也有着类似的观念，“他们认为自我是社会的一部分，这与西方个人主义价值观恰恰相反——西方认为个人是独立存在的，与他人无关”。

对土著民族来说，土地也同样是他们身份的一部分，就像自己的身体一样。正因如此，再加上其他重要因素，政府下令的强制搬迁对他们来说无异于一大悲剧，他们对传统土地有着强烈的依恋，甚至把这种搬迁经历看作一种死亡。在斐济出生的当代人类学家拉武瓦（A. Ravuva）指出：“在斐济人看来，他们的土地（vanua）就是他们自我的延伸，对大多数斐济人来说，离开土地就相当于舍弃自己的生命。”因此，不难理解为什么一些当代土著民族在土地被夺走时，会以集体自杀作为要挟，比如哥伦比亚的乌瓦人或巴西的基奥瓦人。一位基奥瓦酋长曾发表言论：“我们就是土地。”

一些民族的命名方式也体现了他们的集体身份感。土著人民的名字很少是固定的、永久的，例如澳大利亚土著人在他们的一生中会多次更改名字，他们的名字中经常包括部落中其他成员的名字。其他土著民族采用亲从子名制（tekonyms），即用描述人际关系的方式定名，姓名随着关系的变化而改变，例如在巴厘岛，妇女常被称为“× × 的母亲”，男人被称为“× × 的父亲”，但是如果他们的孙子出世，他们的名字就会变为“× × 的祖母 / 祖父”。

据美国人类学家阿尔文 · M. 约瑟夫（Alvin M. Josephy）在 1975 年的描述，这种集体文化观念在美国土著民族的生活中仍然占有重要地位："许多印第安人仍然不理解也不接受私有土地的观念，他们大多认为，很难用个人竞争来代替集体感受，即便这也并非完全没有可能。"而西方则恰恰相反，"个人"是西方生活方式的基础，一个人理所应当地要有自己的姓名、房屋、工作、财产等，也必将与其他人竞争工作、金钱和地位。因此，毫无疑问，这是导致许多土著人民难以适应西方生活方式的原因之一。

在澳大利亚，英国传教士试图将土著民族欧洲化，正如人类学家贝恩 · 阿特伍德（Bain Atwood）所描述的那样，他们尝试让土著人明白每个人都是其意识的完整中心，与自然世界和其他土著人有所区分。为了做到这一点，他们使用强制手段使这些土著人与其家庭成员、社区成员彼此分离，并将其与土地分隔开来，还用洗礼仪式为其取了永久的英语名字，来代替他们经常改动的土著名字，试图以此增加他们独立的自我意识。然而，土著民族的集体认同感实在太过强烈，这些尝试几乎没有成功过：他们不断地交换财产，进出彼此的房屋，好像根本没有个人所有权的概念。

因此，正如西方的线性时间观念和对过去和未来的敏锐意识来源于其强烈的自我意识结构那样，土著民族较为模糊的时间观念可能源于其较弱的自我意识结构。然而，这并不意味着土著民族生活在一个完全无时间的世界中，他们在某种程度上仍然受制于时间，他们可能以线性方式生活，有一定的顺序感，能够估计事件的持续时间。只是他们的时间观念宽松、模糊，而且未来和过去对他们来说，既不真实也不重要。

更加关注现在

这个论题让我们再次注意到自我意识和线性时间之间的关系。到目前为止，我们还没有探讨这一问题：强烈的自我意识是如何产生线性时间观念的。

根据美国哲学家肯·威尔伯的说法，这是因为独立的自我意识加剧了对死亡的恐惧。如果我们生活在一种日益独立的状态当中，就会觉得自己的存在变得更有价值、更加重要，会对生命的结束更加恐惧。出于这种恐惧，我们必须否认死亡，假装它不会发生，迫使自己相信生命的时间不会结束、我们拥有永恒的未来，或者说死后灵魂会继续存在、获得永生，而只有线性时间能使这一切成为现实。此外，威尔伯还表示，自我意识结构发展强大后，我们就会对权力和财富产生渴望，永恒的未来这一信念满足了我们的渴望。对此，他写道：

> 在不断强大的死亡意识中，自我意识需要更多的时间……只有把自己置身于一个线性的、渐进的时间世界，才能容纳自我意识本质上不可抑制、无法满足且不断上升的欲望。

然而，我认为自我意识和时间之间的关系要更加直接。在我看来，这只与思维相关。强大的自我意识结构促进了“思绪翻飞”的产生，这一概念我在第 4 章中提及过，即一种在头脑中不断自言自语的习惯。为了思考，必须有一个“我”来进行思考活动，随着“我”越来越个性化，“思绪翻飞”很可能变得更加迅速强烈。然而，我们似乎已经失去了对这种精神交谈的控制，自我意识会自动地喋喋不休，只留下一个最艰难的问题要我们面对：自我意识不会停止自言自语，而我们只能被动地在夜晚失眠，无奈地体会它所创造的精神错乱感，忍受负面情绪的爆发（正如我们在第 4 章中所了解到的那样，这就是在分心状态下时间会减慢的原因）。

在我看来，正是这种始终喋喋不休的思绪翻飞，使我们产生了强烈的线性时间观念。在某种程度上，所有的思绪都与未来和过去有关，比如对过去经历的回忆，或对未来的计划、幻想和预测。这也是不可避免的，因为思考的内容只能是抽象事物或想法，而过去和未来就是抽象的，人们几乎不可能思考现在，因为它实实在在地发生在我们面前。正如圣奥古斯丁所说：“过去只是回忆，未来只是期许。”我们的头脑始终在回忆过去、期待未来，而当下的时间就这样流逝了。

另一方面，土著民族可能不常有思绪翻飞的体验。由于他们的自我意识较弱，他们不会在脑海中不断思索过去和未来（至少不会像我们一样思考那么多），因此对他们来说，现在是唯一“真实”的时态，他们几乎感觉不到时间的流逝，对未来和过去也没有什么概念。你可以将他们的心态与我们做瑜伽期间或之后的状态进行对比，我们有时会设法通过瑜伽来停止或至少减慢脑中翻飞的嘈杂思绪。成功的冥想往往会带来强烈的当下感，你会发现自己自发地活在当下，全神贯注于周围环境和所做的事情，你似乎摆脱了平日里脑海中那些扰人的担忧和焦虑，不再为明日忧愁，也不再纠结于昨日发生的尴尬事情。这完全是因为平日里的思绪翻飞减慢，未来和过去不再有任何意义，你的思绪不再一遍遍将它们提起，而且你也不再受制于线性时间。如此一来，你便拥有了类似于土著民族的心态，他们较少“受制于时间”，而且更加注重现在。

当然，正如我们在第1章中所了解的那样，随着我们长大成人，线性时间观念以此方式得以发展。威尔伯可能会说，我们之所以会随着年龄的增长而“落入时间陷阱”，也与我们对死亡的意识有关，这可能是因为我们发展形成了一种“强烈的死亡意识”，因此需要设想一个线性时间的永恒未来，以此作为补偿。但在我看来，这更有可能是因为我们长大后养成了在脑海中“自言自语”的习惯，孩子们的自我意识发展不完全，因此他们的时间感比较“模糊”，而且由于他们几乎不会有思绪翻飞的体验，他们对未来或过去也没有什么概念；但是当我们到了16岁左右的时候，自我意识和自我反省能力已经发展成熟，因此我们开始像帕斯卡说的那样——“在不属于我们的时间里徘徊”。

对周围环境的高度感知

关于土著民族的时间感，还有一点也十分耐人寻味，如果他们的自我意识结构比我们薄弱，那么他们理应感觉时间更加漫长。我之所以这样说，一方面是因为孩子们的自我意识发展程度较低，致使他们感觉时间过得很慢；另一方面是因为在发生意外事故或极度专注时（比如处于巅峰状态），自我意识会进入休眠状态，导致个体感觉时间减慢或消失。因此，如果心理时间的第五条规律是正确的，那么它也一定适用于土著民族，对他们来说，时间的流逝一定有所减慢。

这可能听起来有点奇怪，但从土著民族心理的另一个方面来分析，也会得出相同的结论：他们对周围环境的高度感知。在第 1 章中，我们已经探讨过时间加快的原因，是因为随着年龄的增长，我们对周围环境和自身体验的感知变得更加“熟悉”、缺少意识，由此导致我们处理的信息越来越少。但是，传统土著民族没有或只有较小程度的熟悉化过程。

而且我在第 1 章中说过，我们在中亚和中东的祖先曾经承受了非常严重的生存压力，尤其是在公元前 4000 年左右之后；然而当时世界上大多数人仍然以狩猎为生，对他们来说生活并不是特别艰难，因此我们的祖先发展形成了脱敏机制，以帮助他们生存。不过，同期的其他民族却并不需要发展这种脱敏机制，这些民族后来成为了我们熟悉的土著民族。

1940 年，在《精神发展的比较心理学》（*The Comparative Psychology of Mental Development*）一书中，心理学家海因茨·沃纳（Heinz Werner）描述了他的一项涉及欧美和土著民族“知觉和认知功能”的研究，他发现土著民族似乎以一种更真实的方式看待周围环境。根据他的研究发现，土著民族的感知更加生动、感性。他在书中谈道：土著民族能够意识到“细微之处的感性和丰富，景象的缤纷和活力”。美国人类学家斯坦利·戴蒙德（Stanley Diamond）

也得出了类似的结论，他写道：对土著人民来说，“他们的真实感程度之高，有时仿佛能够闪耀发光”。

跨文化心理学研究也证实了这一点。当代心理学家朱迪斯·克兰菲尔德（Judith Kleinfeld）在发表于1994年的文章《学习方式与文化》（*Learning Styles and Culture*）中指出：据测试表明，虽然美洲原住民、爱斯基摩人和澳大利亚土著人的语言能力与欧裔美国人相比较低，但是他们的视觉能力和空间能力要高得多。想必正是因为这样，西方人才会经常惊讶于土著民族能够从周围环境中“读”出大量细节，而且能够明显地看到、听到和闻到他们无法察觉的现象。例如，克兰菲尔德在谈到爱斯基摩人时写道：“与他们一起旅行的人无一不对他们观察和回忆视觉细节信息的非凡能力赞不绝口，比如，他们根据记忆绘制的地图，与按照航空摄影绘制的地图几乎一样准确。”这也许只是因为他们高度的感知能力，使他们觉得周围的环境无比真实。

这就是为什么这些民族对自然如此崇敬的部分原因。这种崇敬一方面来自他们对土地强烈的依恋心理，这种依恋使他们对自然现象产生强烈的共鸣；相比之下，我们往往把这些自然现象看作无关紧要的事物，对其既没有同感也不肩负责任。另一方面，这种崇敬也源于他们对自然的认知，他们相信整个自然世界都是有生命的。在我看来，我们对自然的滥用也是源于我们对世界的熟悉化，从西方的角度来看，自然界似乎是无生命的、虚幻的，所以我们才会不假思索地对它过度使用甚至是滥用，我们并不认为砍伐树木、用混凝土铺路、掘地挖金或“拥有”土地有什么不对。但是出于有意识的感知，土著民族认为万物皆有生命、有灵性，所有的事物都弥漫着一种精神力量，抑或是精神的寄托场所，所以他们不可能对其产生伤害或滥用的念头。

根据我们以上的探讨，不难看出，土著民族在传统上对现象世界拥有更加强烈的感知，这是土著民族感觉时间流逝减慢的另一个原因。

对我们来说，也许最重要的一点是，这表明我们也有望生活在一种高度感知而自我意识较弱的状态当中，而且不遭受任何在第 4 章中提及的负面效果（例如药物成瘾及精神分裂症）。

因此，从某种意义上说，如果我们想超越线性时间，就应该尝试改变内在，重塑心灵。如此一来，我们便不再被喋喋不休的嘈杂思绪所困扰，也不再因强烈的自我意识而产生分离感和二元对立感。

但是，我们如何才能以这种方式改变自己呢？毕竟，你可能会说，我们从祖先那里继承了“心理”，就像我们从祖先那里继承基因和身体一样，我们不能在身体上改变自己，比如说长出更多牙齿，或者发展形成更加敏锐的嗅觉。那么，我们怎么能指望自己在心理上有所改变呢？我们应该怎样提高对周围世界的感知能力，或者超越强烈的自我意识呢？

但重点是，心理与身体不同，它既不固定，也不永久，我们实实在在地拥有改变它的能力。我们可以轻而易举地做到有意识地感知事物，从而在某种程度上战胜自我意识。

第 7 章

时间体会的最高境界：让世界充满美好与意义

几年前，我和妻子来到苏格兰西海岸的阿伦岛度假露营。可惜天公不作美，几天后雨越下越猛，我们只好去旅馆避雨。旅馆位于一个可以俯瞰大海的小村庄里；入住的第一晚，我披着雨衣，沿着海岸散了会儿步。大雨倾盆而下，海水撞击着岩石，除了几只海鸥飞过沙滩，没有任何生命的迹象。我久久地盯着海边的悬崖，盯着空中的白光、盯着延伸到远处的大海；几分钟之后，奇怪的事情发生了。我感到自己的视觉发生了变化，突然间觉得周围的一切有了生机。这种变化难以言表，但是我感受到了地球是个活生生的存在，是个有感知的存在。我能感受到渗透万物的力量，能看到天空、大海、悬崖甚至是雨水和空气显现出比以往更壮观的景象；在它们背后，有一种更深层次的统一体，与其表象相分离。

与此同时，我觉得自己好像和所见之景连为一体了，那种渗透万物的力量也渗透进了我的身体。我不只是在观景，而是成了景色的一部分。我的整个存在似乎充满能量，令我精神振奋、欣喜若狂。一切都看似无关紧要，不论拥有什么问题和烦恼，都已彻底烟消云散。最重要的是，这个世界看上去是一个极其美好的地方；不知为何，生活在这里似乎才是正确的选择。

在某个时刻，我坐在一堆岩石中间，凝视着大海，有一种超越时间的感觉。我告诉自己，这就是世界数千年前甚至是数百万年前的样子，只有大海、风雨、沙滩、盘旋的海鸥，没有任何人类生活的迹象。我对此有一种现实感，有那么一瞬间，我觉得自己仿佛几千年前就在这里，或者更确切地说，几千年前就是现在。

很多人都会偶尔体验这种“高层次意识状态”（higher states of consciousness, HSCs）：某些瞬间，世界充满了美好与意义，我们感觉自己像是周围环境的一部分，而非只是旁观者。那一刻，我们的内心洋溢着幸福感，觉得自己仿佛和更深处、更真实的那部分自我意识相联结。就好像我们超越了正常意识状态的局限，体验到一种更加强烈的现实感以及与世界的另一种关系。

这些体验比我们最初设想的要更加普遍。例如，1987 年研究员海（Hay）和希尔德（Heald）进行的一项调查显示，16% 的英国人感受过“自然界中的神圣存在”，5% 的人有过“万物合一”的感觉。同样，1974 年，美国研究人员罗伯特·格里利（Robert Greeley）对 1460 人进行调查，问他们是否体验过“与一股强大的精神力量紧密相连，这股力量似乎能将自己从身体中抽离”。其中 35% 的人说有过这种经历，21% 的人说体验过几次，12% 的人说经常体验。

关于时间的高层次意识状态

HSCs 有两种不同类型。第一种是疯狂、迷醉的狂喜体验。当我们大脑或体内正常的化学成分在某种程度上受到扰乱时，这种体验会出现。纵观历史，宗教大师和神秘主义者曾试图通过禁食、诵经、仪式舞蹈、控制呼吸或给自己施加痛苦来诱发 HSCs；这些不同的方法都能干扰我们大脑或体内正常的化学成分，导致身体“内环境稳态失衡”。当然，HSCs 不会总在这些情况下出现，但确实会出现，尤其是进行宗教仪式或典礼时（正如我们在第 5 章所看到的，由药物诱发的 HSCs 也属于这一类，因为药物同样干扰了我们大脑或体内正常的化学成分）。

HSCs 的第二种类型是一种更加平静、稳定的自发体验。这类体验可能会在冥想、接触自然、从事某项运动、发生性行为或单纯地放松时出现。由药物、禁食或控制呼吸所诱发的 HSCs 主要是幻觉体验，会使人以一种更加热烈、新鲜的方式看待世界；而这类“平静”的意识状态则会产生一种更加强大的“感情”维度，使人的内心拥有强烈的宁静感与幸福感。

接下来要说的是，HSCs 存在不同的等级，不同等级体现出不同特征。在所谓低等级的 HSCs 中，周围的环境对我们来说“栩栩如生”，它们看起来更加真实美丽，世界似乎比往常更加迷人。我们还会拥有一种意义感和亲和感，感受到一种仿佛是从万物中散发出的美好氛围。在中等级的 HSCs 中，随着你与“外部”世界之间的二元性逐渐消失，你还会感受到自己与周围环境间的联系。或许你也能感知到印度哲学中所说的婆罗门（brahman），或是一种有时被印第安人称作大灵（Great Spirit）或生命之主（Life Master）的能渗透万物的神灵力量。这种体验带给我们万物合一的感觉：我们与世界之间，以及不同事物之间的分离感会逐渐消失。仿佛一切都是神灵力量的显现，万物皆为一体（上文中我的经历就是这一等级的例子）。这是 HSCs 的一个方面，往往用宗教术语来阐释。如果某些信奉一神论的人拥有这种婆罗门渗透万物的幻觉，他们很可能会相信自己正沐浴在神的光辉之中，看到了神造万物所散发出的神圣力量。

高等级的 HSCs 通常指的是一种“神秘”体验。在这一等级的体验中，二元性完全消失，以致我们感觉自己就是宇宙，就是宇宙中的万物。就像印度神秘主义者罗摩克里希纳（Ramakrishna）所说的，整个物质世界会融入“一片无限闪耀的意识海洋或存在海洋”。就好像我们进入了绝对的现实本质中，进入了纯粹的精神“地界”，精神是万物的基础，也渗透于万物。我们领悟到，意识是万物之源，世界是其表象，意识的能量会“涌入”世界，而这能量的本质便是至福与爱。

某些科学家认为，HSCs 是一种由大脑功能异常引起的幻觉或妄想。换言之，他们将此看作一种意识状态改变，如催眠恍惚状态、做梦或幻觉状态、精神病状态等。在改变的意识状态中，正常的自我意识结构在某种程度上受到扰乱，正常的现实感要么被限制，要么完全扭曲。也就是说，我们不像往常那么意识清醒。不过在 HSCs 中，情况恰恰相反。通常，我们的精神没有受到损伤或出现故障，我们似乎要比往常更加意识清醒。HSCs 会带来强烈的启示感。在幻觉或梦境之后，我们通常会发觉自己刚刚所经历的事情不真实，而恢复正常的意识状态后，一切才完全地真实可信。但是，当我们从 HSCs 回到正常意识状态时，我们会感觉现在所做的一切反倒不真实。与意识状态改变不同，HSCs 总是会给人一种“这才是万物的本来面貌”的感觉，仿佛一层面纱被揭开，我们觉得自己在某种程度上“觉醒”了，然后看到了更加真实清晰的世界图景。就像神秘主义学者罗伯特·查尔斯·扎纳（R. C. Zaehner）所述，拥有这种体验的人总是“相信自己的经历绝非虚幻……而是远比平时用五官所感受到的，或用有限的头脑所想到的东西更加真实”。

对我们来说特别有意思的一点是，HSCs 改变了我们与时间的关系。就像我们在第 5 章中看到的药物体验一样，HSCs 还有另一个特征，即它会带来一种时间延长甚至时间消失的感觉。正如你所预料的那样，这种时间延长感会根据体验状态等级的不同而发生变化。在低等级的 HSCs 中，我们可能会和下面这个人冥想之后所描述的体验类似——感知力增强，从而觉得时间被延长：

> 深度冥想之后，一切对我来说都更加真实了。我开始更多地留意万物。走路时，我会望向天空和云朵，观察商店与汽车的颜色，浏览广告牌和海报。我觉得自己注意到的东西比平常要多。万事万物似乎都在缓慢优雅地移动，时间似乎很充裕，做什么事都不着急。

这种情况部分原因可以用时间与信息的关系来解释。HSCs 会带来一种“有意识”的感知。当我们的内在能量增强时，精神极度放松与平静时，以及正常精神活动通道部分关闭不再消耗精神能量时（如思考、专注于工作及活动、处理信息），第二类更加平静稳定的 HSCs 便会出现。这意味着，我们的精神不会再通过无意识的感知来保存能量，就好像在获得了一张巨额支票后无须存钱了一样。我们在第 1 章讨论的脱敏机制便不再发挥作用，也不再删除我们所感知到的现实。因此，我们体验到了周围环境的“存在”，而这种存在往往不留痕迹。也就是说，我们从周围环境中获取的信息要比往常多，也就有了延伸时间的效果。

但是 HSCs 也会因为产生了自我意识超越的体验，而给人一种时间延长的感觉。当我们的精神比平常更加平静安定时，当所有的思想停止以及正常的自我意识结构弱化消失时，自我意识超越的体验就会出现。我们平常的孤立感与分离感被瓦解，伴随着这些体验常常会产生一种世界合一的感觉。从这方面来说，HSCs 是心理时间第五条规律的例证。

我们的感知意识越强烈，自我意识超越的程度越高，这种体验就越热切。这种体验的等级越高，时间感就会延伸得越长。当意识状态达到最高等级时，时间便会消失。你可以将其与速度对时间感的影响做对比，还记得如果宇宙飞船以 87% 的光速行驶，飞船里的时钟会怎么变化吗？飞船上的时间会比平常慢一半，而且如果继续加速达到光速，时间就会更慢。当然，根据爱因斯坦的方程式，这是不可能发生的事（因为随着速度的增加，质量也会增加，达到光速后，飞船的质量将会无限大）；但是假设达到光速时，时间实际上会停止。从光本身的角度来看，时间并不存在。

这种情况发生在我们历经“意识谱”（Spectrum）时，即从正常的意识状态过渡到低等级的 HSCs，再到最高等级的神秘状态。时间会持续减慢，直到最后完全消失。有关 HSCs 最好的一本研究专著是雷诺 · C. 约翰逊（Raynor C.Johnson）的《山上的守望者》（*Watcher on the Hills*），最初出版于 1959 年。书中对公众的 HSCs 进行了大量描写，还举了一些摘自文献的例子。约翰逊认为这种体验最典型的特征之一是“时间感变得模糊”。在他收集到的一些体验例证中，人们提到一种超越线性时间的感觉。其中一人说这种体验“像是一眨眼的瞬间，又像是永恒”，另一人则“感觉时间被捕获了，觉得自己在看一幅和世界一样古老的画面”。

在最高等级的 HSCs 中，时间和空间融入一片无限永恒的意识海洋，过去、现在和未来的界限融为一体。时间不再是线性概念，而是一个空间概念。或者用日本禅宗大师、作家铃木大拙（D. T. Suzuki）的话说就是：“在精神世界里，没有诸如过去、现在和未来这样的时间划分，因为时间被收缩进了当下某一时刻，此刻生命在真正意义上颤动着。”我的一个朋友曾强烈地体验过 HSCs，在一个冬日的午后，他走过树林时，抬头望了望头顶上的树冠。忽然，树木好像“展现出永恒的幻象”：

> 一切都有了意义，但这只不过是（也完全是）它们原本的样子。同时，这一切的必然性也意味着，任何事情都无关紧

要，对此我非常确信。有那么一瞬间，我知道自己其实会永存世间，就这种意义而言，死亡也没有什么大不了。

在这件小事中，似乎存在一种永恒的意识状态……我认识到现在就是永恒。此刻本身变得十分重要，不知怎的它脱离了时间，从而得以战胜死亡。

自然与冥想：与崇高邂逅

在西方哲学中，这些体验起码是较低等级的意识状态，通常被称作与“崇高”邂逅。埃德蒙·伯克（Edmund Burke）和康德（Kant）等哲学家认为，崇高是一种卓越且令人敬畏的自然特性，一种激发我们喜悦、惊奇甚至恐惧情感的自然景象力量。康德认为崇高的来源是“超感觉实体”，它超越了人类的心理世界和自然世界，其概念有点类似于印度的婆罗门。这样说来，我在阿伦岛的体验以及我朋友在树林漫步时的经历，就是与“崇高”的邂逅。

崇高这一概念影响了华兹华斯（Wordsworth）、雪莱（Shelley）和歌德（Goethe）等浪漫主义诗人，他们的诗歌中包含了很多关于HSCs的描写，这些状态由美丽且充满力量的自然景象所激发。雪莱在他的诗歌《赞智力美》（*Hymn to Intellectual Beauty*）中，将自己对大灵或婆罗门的感知描述为一种弥漫于整个自然界的“美的精灵”，以及一种“不可见力量的威严身影”，这种力量“虽不可见却飘浮在人群中”。华兹华斯感觉自然界充满生机，而且弥漫着一种美好的存在，与自然界混为一体，他的诗歌也因此而著名。就像他在《序曲》（*The Prelude*）中这样写道：“万物如茂树，扎根于那给予生命的灵魂；眼前的一切都因内在的含义而生存。”

确实，自然因其巨大的“能量强化”效果，是最能触发 HSCs 的诱因之一。对于平静稳定的 HSCs 来说，重点是要处于一种环境，这种环境往往通过保存精神能量，使你的内在精神能量比平常更加集中。当你独自走在乡下的时候，你保存能量的方式并非保持静默或者不与他人交流，而是使自己处于平静、安定之中（这样你就不会消耗太多能量来处理信息），同时减少自己的思想活动（但愿如此，因为原则上你会将注意力集中到周围的美景，而非思想上）。由此，你在体内累积的能量进一步增强。这会提高人们的感知力，让人感受到自己与周围环境的联系以及内在的幸福感，这种情况被华兹华斯经常描述到，我在阿伦岛也体验过。

但是，产生 HSCs 最靠谱的方法恐怕还是冥想练习。因为冥想是快速强化以及平静我们精神能量最有效的途径。冥想时，我们会闭上双眼、处于静默，这样就能大大减少我们要处理的信息量。除了需要集中注意力的物体（如祷语、呼吸、蜡烛火焰等），我们不会专注于任何事情；如果我们达到了深度冥想，平时萦绕在我们脑中的嘈杂思绪便能够消失。因此，随着“流出”能量的急剧减少，我们在体内累积的能量高度集中，这会带来有意识的感知、内在的幸福感，以及 HSCs 的其他特性。

当然，冥想不会一直诱发 HSCs，因为有三条不同的心理时间规律在冥想时起作用，这取决于冥想者的心理状态以及集中注意力的能力。不管是谁，只要你坐下冥想却难以专注于自己的祷语或呼吸，特别是在集体冥想的时候，你不敢起身离开房间，害怕打扰大家，你就会体验到心理时间第四条规律的作用——分心状态下，会感觉时间减慢。你的腿开始疼痛，身体的各个部位开始发痒，思维开始杂乱无章地跳跃，你无法想象自己该如何忍受接下来的 15 分钟。等到冥想导师要求大家睁开眼睛时，你感觉自己已经坐到了地老天荒，但却惊奇地发现才过了 20 分钟。当然，这是因为大量的思维信息在你脑中流淌，这种延伸时间的方式和你在等公交车或听无聊的讲座时一样。

然而，如果你能很好地集中精力、全神贯注，第三条规律就会开始起作用，时间会加快。我在第 3 章中提到过，在我课上练习冥想的人通常感觉流逝的时间比实际的要短。美国心理学家阿瑟 · J. 德克曼（Arthur J. Deikman）也发现了这一点，他在进行实验性冥想活动时，只是要求被试将注意力集中在一个蓝色花瓶上。他告诉被试试着将花瓶看作一个不与外界联系、只存在于自己本身的物体，让他们不要因自己的思绪而分心。被试在一个月内进行了 10 次这样的活动，每次半个小时，之后汇报说自己发生了一些知觉变化。他们说，花瓶变得越来越美丽生动，甚至像是有了生命，感觉自己和花瓶融为了一体。其中一个被试告诉德克曼："我的确感觉蓝色花瓶与我开始合二为一，或者说我们就是一体的，好像一切都在融合。"在时间方面，用德克曼的话来说，被试普遍感觉"流逝的时间比钟表上显示的要短"。然而，只有他们注意力集中良好时才会这样。如果他们不断地分散注意力，就会体验到心理时间第四条规律，感觉时间缓慢到令人沮丧，比"钟表时间"要更加漫长。

但是，还有更加深层次的冥想，也就是当自我意识休眠时，心理时间第五条规律就会开始发挥作用。如果你坐下来冥想，感觉格外放松、思维敏锐，你会发现经过一定程度的精力集中之后，精神会完全平静下来。往常的嘈杂思绪也会渐渐消失，你与自己的纯粹意识之间没有任何隔阂。你会感觉正常的自我意识开始消散，你成了一个不同的“我”—— 一个更加深层、更加广阔的自我，即便在思考停止时依然存在（就像我在第 4 章中描述的那样）。你开始觉得没有必要去思考或做任何事情，只是在自我存在中放松就可以了，体验着纯粹意识的虚无与自由。

此时，你感觉自己已经超越了时间，正在体验一种完全不同的存在领域，过去、现在和未来等概念变得毫无意义。你会体验到一种无我的状态，有点像运动员处于巅峰状态，或者有些人在受到意外事故和突发打击时感觉到的“时间变慢”。这是因为带给我们时间感的自我意识消失了，时间也会随之消失。

如果你体验了深度冥想，冥想的功效通常会持续几个小时。我发现，如果早晨的冥想进行得顺利，自己往往就会进入一种比较温和的高层次意识状态，这种状态最短也能持续到午餐时间。我能感受到内在的幸福感，我的感知至少在一定程度上是有意识的，所以我能更加清醒地意识到周围环境的存在。这就像是在通过孩子的眼睛看世界，物体看起来更加真实；我也发现自己注意到了平时不会注意的东西，比如杯子或衬衣上的图案，或者洒在厨房地板上的阳光。我似乎开始对美更加敏感，会去凝视天空、树木或花朵。德克曼的被试也有过这样的体验。在一次活动之后，一位被试说他看到窗外的一切似乎都在“大声呼喊以吸引他的注意”；另一位被试则因为自己能够看到无处不在的美而感到惊奇，他将这种感受描述为“感知中充满了光芒与变化，这两者都令人心情愉悦，除了我，没有人知道今天多么美好”。和我之前提到的那个人一样（他说冥想之后“万物似乎都在缓慢而优雅地移动”），我感觉自己可以从容自在地度过一天，而且全身心地关注我遇到的每个人、做的每件事。我不急着做任何事，一部分原因是我感觉很放松，但也可能是因为我觉得时间稍稍延长了。

由冥想所诱发的 HSCs 不太常见，但有时确实会出现。我的一个作家兼出版商朋友科林·斯坦利（Colin Stanley），描述了他在冥想时体验到的一次高等级 HSCs。这种体验出现时他正盯着蜡烛火焰，之后这种体验持续了几个小时。

> 火焰的影像变得越来越集中，形成了一个针孔大小的光点。之后它爆炸开来，使我的头脑注满明亮的白光。相应地，我觉得快乐感与安全感开始涌现（似乎没有什么东西能伤害到我），我感受到一种包含所有时间的无时间性（这听起来有点矛盾）。
>
> 有好几个小时，我感觉自己仿佛置身于自身之上，飘浮在空中，但却刚好能感受到自己的身体，我以前还从来没有过这种体验。我走到房子外面的空地上，能够感知到自己迈出的每一步，身边的每个动静，空气中的每个声响。我平生第一次感

觉好像完全控制了自己的精神和身体。那一天余下的时间像是永恒。我好像一直在走来走去，并非很慢，而是恰到好处。

重塑心灵

我们已经说过，在生活中放慢时间，也就是让自己较少地受制于时间，其关键是要找到一种方法使自己更加“清醒”地意识自己的体验，以便领会更多感知信息，抑制或弱化正常的自我意识。我们还知道，通过不断服用成瘾性药物来超越时间显然没有任何意义，因为这会对精神造成伤害。

但是，我们一直在研究的平静稳定的 HSCs 则不会带来任何副作用。在长时间定期服用成瘾性药物之后或患有精神分裂症时，患者的自我意识会完全瓦解，他们不再能理性思考、做出决定或集中精力，也失去了清晰的现实感（所以患者不知道他们的幻想和白日梦是真是假），还可能会受到感官扭曲的折磨。而在平静的 HSCs 中，人们的自我意识没有被摧毁，而且变得比平常更加健康，因为随着错乱嘈杂的思绪慢慢消散，自我意识开始更加平静稳定。比如，深度冥想之后，我体验到了低等级的 HSCs，我会觉得自己能更好地集中精力、逻辑思考，因为我的精神没有被凌乱的思维干扰。重点是，在 HSCs 中，自我意识不会像服用了成瘾性药物一样瓦解损伤。它的结构依旧完整，而且平静安定，就像是一幢没有人住却仍然矗立的房子。

接下来我们要提出的问题是：有没有可能永远处于 HSCs，哪怕是低等级的状态？我认为，特罗布里恩群岛岛民、非洲努尔人、澳大利亚土著人等原住民族已经在某种程度上做到这一点了，或许他们现在还在这样做。我们在 HSCs 中所看到的世界，就是他们每天正常状态下看到的景观。更具体地说，他们在正常情况下看到的世界，大致相当于我们在中低等级 HSCs 下看到的世界；他们对现实的感知力得以增强，能感受到一种精神力量遍布整个世界，能感受到现象之间的联系以及自己与整个自然之间的联系。而对于我们来说，这则意味着自我转化，即彻底重塑心灵。

但是，我相信这种自我转化是有可能的，关键就是练习冥想，以及佛教所说的正念，也就是将有意注意完全集中在自己的行为体验上。冥想是一种非常有力的转化方式，不仅仅因为冥想是产生 HSCs 最靠谱的方法，还因为它在永久的心灵转化方面具有长期效果，即使只是低等级的 HSCs，也能慢慢引领我们体验永久的 HSCs。

在详细讨论这种转化的可能性之前，我们需要先研究一下观察 HSCs 时所发现的理论问题：时间是否真的只是一种幻觉？

第 8 章 时间是否真的只是一种幻觉

时间怎么可能是幻觉？如果时间真的不存在，为什么我们会变老、会去世？为什么一天会始于黎明，一段时间过后太阳会划过天空，在黄昏落下？为什么唱片上的歌曲有头有尾，一首大概持续 3 分 15 秒？

显然，时间在以这种方式流动，我们称之为常识性时间观念。史蒂芬·霍金（Stephen Hawking）认为，有三条证据支撑这一观点。首先，存在个人的时间感——我们能够感知衰老，感知事件和过程所持续的一段时间。其次，存在宇宙“时间”——即从宇宙大爆炸开始，经过宇宙膨胀，到宇宙大收缩而终结。最后，存在热力学第二定律的时间——这是物理学基本定律之一，即宇宙中所有过程都会慢慢失去能量，停止运转，从有序状态变为熵增或无序状态。

尽管如此，时间也有可能是非线性的，即过去、现在和未来在某种程度上同时存在，这种想法并非看上去那么荒谬。这就是我们之前提到过处于最高等级意识状态时所体验到的时间；而且我们的时间感与自我意识联系非常紧密，这种实际体验也同样支持这一观点。就像我们在第5章所看到的那样，在诸如意外事故、突发打击、注意力高度集中、服用成瘾性药物、精神疾病、催眠等非自我意识的状态下，时间似乎会减慢或停止。我当时指出，这仿佛意味着时间不存在于自我意识之外，而是由自我意识创造出来的。毕竟，幼小的婴儿在自我意识发展之前，似乎都生活在一个永恒的世界里，当他们获得自我意识时，才慢慢“进入”时间状态。

我们为何会对顺向线性时间观产生怀疑

当然，爱因斯坦的相对论提出，时间并非绝对、客观的真实存在。这一理论表明，所有的“时间扭曲”仅仅意味着某些客观真实的物体被扭曲了，就像有五个人从不同的视角目睹了同一事故，他们会主观扭曲实际发生的事件，给出不同版本的说辞。但是扭曲的现象实在数不胜数，而且根深蒂固，所以我们首先会认为实际上什么都没有扭曲，这点可能更好理解。除了时间与速度和引力有关，爱因斯坦还认为事件发生的顺序并不固定。从你的视角来看，两个事件可能在同一时间发生；但是对于正在高速移动的人来说，两件事之间会有时间滞差。或者你看到两件事一前一后发生，但是高速移动的人看到的顺序正好和你相反。爱因斯坦认为，时间的速度会根据宇宙中某特定区域的“弯曲”程度而变化。时空可以在大质量物体的强大引力作用下发生扭曲，当这种情况出现时，时间的速度会减慢。而且曲率越高，时间越慢。至于黑洞，当大质量恒星向内塌陷，其引力大到连光都无法向外射出时，就意味着时间完全停止了。

换言之，时间是由物体创造的，而非存在于物体出现之前或物体之外。用科学作家约翰·博斯劳（John Boslough）的话来说就是：“时间是整个宇宙中的一种局部现象，每个天体的引力场都会创造出一个时间，且不同于宇宙中其他区域所创造的时间。”

科学观：时间流动没有意义

现代物理学家认为，我们应该设想宇宙存在于四维时空中，从这一角度来看，时间流动便没有了任何意义。因为时间并没有流动，它就在那里，像空间一样静止。换句话说，整个过去和整个未来都在这里，与现在并存。在四维时空中，过去、现在和未来这些概念毫无意义。牛津大学的数学教授罗杰·彭罗斯（Roger Penrose）说：“在物理学中，人们看待时间的方式与看待空间的方式没有本质区别……我们只有一个静止、固定的时空，在这一时空中，宇宙中发生的事件被安排妥当。”时间流逝，或者现在划分了过去和将来这种观点，从未被任何物理实验证实过。正如另一位现代物理学家保罗·戴维斯（Paul Davies）所说：“但凡考虑到客观的现实世界，时间的流逝就会像幽灵一样消失在夜色中。”

即使为了方便讨论，我们接受时间流动这一观点，可物理学中也没有任何证据表明时间只能向前流动。对于自然法则来说，时间朝哪个方向流动都一样；不论是向前还是向后，自然法则都会起作用。史蒂芬·霍金在论证了常识性时间观念之后，提出了非线性时间的观点。他指出，当粒子变成反粒子，左右交换、运动相反时（也就是时间向后移动时），“科学定律不会发生改变”。物理学家用来描述粒子相互作用的时空图，既可以理解为正电子在时间上向前移动，也可以理解为电子在时间上向后移动。两种解释一样有效，从数学的角度来看也完全相同。

一些科学家认为，即使是在宏观世界中，通过虫洞回到过去（或穿越未来）也是有可能的。这种情况至少在理论上是存在的（因为没有人在现实中发现其存在的证据），当空间结构被黑洞等大质量物体撕裂时，就会在不同的时空之间形成隧道。尽管爱因斯坦的方程式预测，没有什么能够超越光速，但是某些物理学家认为，可能存在一种叫作“快子”（tachyons）的粒子，它没有质量，因此可以达到甚至超越光速。这也就意味着时间可能会向前或向后跃动。

爱因斯坦的相对论是20世纪初期物理学革命的一部分，当时牛顿物理学所提出的那个实际可靠、确切无疑的世界，破裂成了一个毫无绝对性和客观真实性而言的模糊领域。这场革命的另一部分是量子物理学的发展，即针对亚原子粒子（也就是比原子还小的粒子）运动的研究。在亚原子的世界里，所有支配宏观世界的法则都不再奏效。粒子可以随机地消失和重现，即使相隔数英里，也能影响彼此的运动，而且其运动方式还可以由观察者而改变。此外，关于粒子是什么的这个问题也远远没有那么简单了。“粒子”看起来是一个坚硬的实体，像微小的台球一样，但实际上是一股能量，在某个特定的时刻表现为粒子。在其他时刻，粒子以波的形式出现，这也是观察者可以影响的一个方面。

正如我们所预料的那样，在这个亚原子世界里，线性时间也会瓦解，有关过去和未来的正常概念会变得毫无意义。物理学家维尔纳·海森堡（Werner Heisenberg）提出了“不确定性原理”（uncertainty principle），指出人们无法同时测量亚原子粒子的速度与位置。关于时间，他写道：“在基本粒子中，空间和时间都离奇地模糊，以至于人们无法正确地定义之前和之后等概念……如果是在非常小的时空领域里实验，人们便会感知到时间倒序的推移。”换句话说，在量子世界中，正常向前发展的事件有时会往回发展。当原子核内发生爆炸时，有时爆炸的原因会在事后出现，而非事前出现。

如果我们不接受自己拥有时间顺序感，以及时间本身是一种幻觉这种观点，似乎也就无法解释这些问题。这也正是著名的英国物理学家朱利安·巴布尔最近提出的观点。在《时间的终结》一书中，巴布尔指出宇宙实际上处于一个永恒的状态。在他看来，我们的生活由体验的“快照”组成，都是一些孤立分离的瞬间，就像电影的画面一样。正是因为这些“快照”按顺序呈现在我们眼前，我们才有了时间流逝的体验。每一帧“画面”都是宇宙中所有粒子的特定排列或“构形”。在某一特定时刻，所有的粒子都以某种方式“构形”，比如：我坐在写字台前，双手举到键盘上方的几厘米处，手指准备按下按键；同时，窗外的树枝在风吹过后摇摆到某一角度，头顶上方的飞机正好到达了旅程中的某个地点，房屋后面学校里的女孩们正上课上到一半，等等。所有这一切——我、树木、飞机、女孩，都是由粒子构成的，这一切只是宇宙中所有粒子在任意时刻的一种可能的排列方式。而在下个时刻，宇宙中的粒子则这样排列着：我的手按下电脑键盘，飞机朝着同一方向飞得更远，女孩们继续上课进入下一阶段。这些“当前时刻”不包含任何时间，它们在本质上是静止的。但由于它们按顺序出现，因此我们感觉时间是“流动的”。

巴布尔让我们设想宇宙实际上是一片静止的海洋，其中所有粒子可能形成的全部排列方式都相互并存。他将其称为“柏拉图尼亚”（暗指柏拉图的理想世界和一种稳定状态），即“所有可能的当前时刻”。在我们的生活中，不同的当前时刻会被“开启”，或者从所有的可能性中被“挑选”出来。假设我们生活在一个不同的宇宙中，被挑选出来的当前时刻并非顺序排列，这样我手指准备按下电脑键盘的那个当前时刻，也许会出现在一万年前的某个瞬间，或者一百万年后的“未来”。但幸运的是，在我们生活的宇宙里，不论是当前时刻还是粒子可能的排列方式，都是一个接着一个被选择的，所以我们获得了线性时间。巴布尔利用类比法说道，纸牌（代表所有可能的当前时刻）会按顺序发给我们，而在另一个宇宙中可能完全是随机分配的。

然而，针对后牛顿时代物理学时间观最好的总结，恐怕还是来自爱因斯坦，1955 年爱因斯坦在其朋友米歇尔·贝索（Michele Besso）去世后，在给贝索的儿子和妹妹的一封信中写道：

> 他在我之前先暂时告别了这个奇怪的世界，这并不意味着什么。对于我们这样有信仰的物理学家来说，过去、现在和未来之间的区分只是一种幻觉，即使难以改变。

预知：让我们得以瞥见未来

对顺向线性时间观产生怀疑的另一个原因是，在某些情况下，阻止我们感知过去与未来的面纱似乎消失了，因此我们能够瞥见过去或未来发生的事件。

某些怀疑论者和唯物主义者可能不相信这是真的，但是从我们不断发展的时间概念以及现代物理学的角度来看，预知（和倒摄认知，一种重温过去的体验）的存在合乎情理。在注意到量子世界中正常事件的发生顺序有时可能会颠倒这一现象后，物理学家帕斯库尔・约当 [Pascual Jordan，他与海森堡和马克斯・玻恩（Max Born）共同创立了量子物理学] 指出："这种因果顺序的颠倒可能会被证实，而且具有哲学依据，所以会对心理学和超心理学产生巨大影响。"如果线性时间只是一种心理产物，如果未来与过去共存，那么我们为什么不能在某些情况或意识状态下去体验它们呢？

任何一个对预知依据持有开放态度的人都会意识到，预知的存在很难被忽视。早在 20 世纪 30 年代，研究员约瑟夫・班克斯・莱茵（J.B.Rhine）和路易莎・莱茵（Louisa Rhine）就发现，被试可以猜出哪张牌将会从一副牌中被随机抽出，成功率比偶发概率要高 300 万倍。最近，物理学家赫尔穆特・施密特（Helmut Schmidt）在六万多次实验中发现，被试可以成功预测随机的亚原子事件，其概率是偶发概率的 10 亿倍。从 1935 年到 1987 年，人们总共进行了大约 200 万次测试预知能力的独立实验，共有五万人参加，这些实验发表在 113 篇科学论文中。总的来说，预知成功的概率与偶发概率的比例为 1024:1，这为预知现象的真实性提供了证据，无可争辩。

然而，除了这些科学研究之外，还有大量奇闻轶事可以证明预知能力。科学家常常对奇闻轶事表示怀疑，更愿意相信能够通过实验验证（或否定）的铁事实。但是确实有一些案例表明，轶事证据也很普遍且具有说服力，不得不引起重视。许多关于预知的报道也惊人地准确，以至于仅仅因为它们是轶事而置之不理显得有点缺乏远见。

大多数关于预知的事例发生在梦中。其中最著名而且最可信的案例是，一名叫约翰·戈德利（John Godley）的人梦见了赢得比赛的赛马名字。1946 年的一个晚上，戈德利还在牛津大学读书的时候，他梦见自己在阅读报纸上赛马比赛的获胜名单，看到了宾得和约兰丁这两匹马的名字。第二天早上，他将此事告诉了一个朋友，他们查看了报纸，发现那两匹马确实会在那天参加比赛。他和一群朋友决定赌一把，结果两匹马都赢了，他们也获得了一大笔奖金。在后来的三个月里，这种预知的情况在戈德利身上又发生了两次；在随后的几年中也发生过几次。此外，他偶尔也会梦到某些确实会参加比赛的赛马名字（这本身就是一种预知），不过没有获胜。

每次上课的时候，我都会问学生是否有过预知体验，他们告诉我的例子总是非常精确、惊人，无法用巧合来解释。在最近的一次课上，一位女士告诉我她做了个噩梦，她接到妈妈的电话，得知了一个可怕的消息——她的妹妹在车祸中死亡了。她被吓醒后，在早上给妹妹打了个电话，告诉她今天不要开车出去，但没有告诉妹妹她在梦中接到的电话。可是妹妹没有理会她的劝告，说自己要去另一个城镇上班，所以没有办法。那天晚上，我学生的电话铃响了，她母亲打来告诉她的正是她所担心的消息。

我的妻子（一名足科医生）曾做过一个梦，梦到自己不小心割掉了一个健康人的脚趾。

> 在梦里，我恳求一名外科医生将脚趾缝合上，因为我知道如果他动作够快，患者的血液供应就会恢复。但是那个外科医生根本不听，患者的脚趾也没接上……
>
> 我觉得这个梦很奇怪，因为切割脚趾不属于我的工作范围——我以前只做过一次，大约是在十年前。但是在第二天的工作中，我为一名患有脚趾坏疽的病人治疗，他已经等不及坏疽的脚趾自行脱落，于是我们决定将它切掉。可几分钟之后我突然意识到，这就是我昨天晚上做的梦，我在十年来第一次切割了别人的脚趾，这简直太奇怪了。

然而，大多数预知的例子都很普通。通常，一个人可能会在梦中遇见一个或一系列特定的场景，然后第二天就会体验到这些场景。我的学生给我讲述了一个梦，他梦见自己在一个陌生房子的大厅里，看见他的朋友和一位陌生女人从楼梯上下来，手里拿着一件闪闪发光的银色物体。尽管梦境的内容平淡无奇，但却异常生动，所以他在早餐的时候把梦告诉了妻子。第二天晚上，他和朋友们去了一家酒吧，随后被邀请参加一个家庭聚会。某一刻，他就站在大厅里，他的朋友和一位在酒吧结识的女士从楼梯上走下来。他立刻就认出了这正是梦中的场景，然后发现那个闪光的东西是张唱片，他的朋友正准备拿下来听。

预感：让我们感觉要有可怕的事情发生

20 世纪 50 年代，美国精神研究员威廉·爱德华·考克斯（W.E.Cox）研究了 1950 年至 1954 年在美国发生的铁路事故。他查看了事故发生当天其他列车的乘客人数、七天前同一趟列车的乘客人数，以及一个月前每周同一天同一趟列车的乘客人数。在每个案例中，他都发现事故当天列车上的乘客比平时要少得多。他认为造成这种情况的原因是，某些要乘坐这趟列车的人对事故有预感，于是决定放弃旅程。

这一解释可能看似牵强，但是在重大事故和灾难发生之前，人们会有预感，有许多案例都可以充分证实这一点。英国近代史上最大的一场地方灾难，于 1966 年发生在威尔士艾伯凡这个矿村，当时一个巨大的矿渣场倒塌压毁了房屋和学校，导致 144 人死亡，其中包括 128 名儿童。灾难发生之后，一位名叫约翰·C. 贝克（J.C.Barker）的精神病学专家在与村民交谈时，发现有 76 人曾预感到了事故的发生。其中有些人只是产生了强烈的焦虑感，感觉会有可怕的事情要发生；还有人则是梦见了真实的事故场景——总共有 36 人在梦中“看到”了事故的发生，其中有的场景非常逼真，甚至能把人吓醒。众所周知，一些人因为预感取消了泰坦尼克号旅程的预定。而最近，科学家兼精神研究员鲁珀特·谢尔德雷克（Rupert

Sheldrake）发现，很多人对“9·11 事件”也有预感。谢尔德雷克通过海报和报纸广告询问人们有关预感的事情，收到了 57 份详细且与“9·11 事件”相关的描述。其中大约三分之二涉及梦中的事故场景，还有的则是对危险的预感。大多数人都被梦或恐惧感吓坏了，所以在“9·11 事件”发生之前，就将此事告诉了身边的人。大多数人的梦境发生在灾难的前一晚（大约三分之一），或者前一周（大约三分之一）。其中一个人这样描述他的梦境：

> “9·11 事件”发生前五天左右，我做了一个异常逼真的梦。我梦见自己乘坐着商务飞机……感受到了无处不在的恐惧感。我和乘客们都对飞机的飞行路线深感担忧，我们从曼哈顿大楼的上方低空飞过……我们离大楼非常近，感到很害怕。很多乘客也都谈论着和我一样的担忧。很明显，我们直接飞向了曼哈顿岛的南端，然后是猛烈的撞击，我就醒了过来。

有关这种预感现象最不寻常的一个例子，来自英国的艺术家大卫·曼德尔（David Mandell）。20 年前，身为讲师的曼德尔退休后，做了一些非常逼真的梦，他相信这些梦境包含了未来会发生的场景。由于曼德尔是个画家，于是他将梦中的场景都画了下来。之后他来到当地的银行，在电子钟下面拍摄画作，以便显示日期和年份。最终，他意识到自己在梦中目睹了未来世界发生灾难的景象。例如，他的一幅画中有 16 个满身血迹的孩子和一名正在被男子袭击的老师。曼德尔认为，这是对 1996 年苏格兰邓布兰小学袭击事件的预感，当时一名男子进入学校的体育馆，枪杀了 16 名儿童和他们的老师。另一幅画展示了一个地铁站被毒气袭击，曼德尔在画作的附注中提到，这件事将会发生在东京，还提到了一个来自“山丘”的秘密组织。这显然与1995年宗教团体奥姆真理教制造的袭击事件有关，他们在东京的地铁里释放沙林毒气，造成12人死亡。这群人确实居住在东京郊外的山上。

曼德尔还画了一架协和式飞机在机场坠毁的画作，预测了2000年发生在巴黎的坠机事件。曼德尔在这幅画上画了一面法国国旗，表明他知道事故的发生地点。但最惊人的是，在1996年9月11日，他拍摄的一幅画中两座燃烧的高楼互相倒塌碰撞，画中还有自由女神像的头部轮廓和一架向下飞行的飞机轮廓。

这些画作，特别是地铁毒气袭击和双子塔倒塌那两幅作品，与真实事件惊人地相似，很难让人相信它们不是真实的预知场景。具体细节令人印象深刻，精确得让人根本无法用巧合来解释。而且实验也证实了曼德尔的说法。他通过了测谎仪的测试，证明他没有故意欺骗；法医专家检查了照片底片，也没有发现任何篡改迹象。怀疑论研究者克里斯·弗伦奇（Chris French）在其设计的实验中，让20个人观看了曼德尔的画作，还告诉了他们曼德尔自己关于画作以及其他人关于画作的解读。然后要求他们选出最符合这些画作的解读，一共40幅画作，在其中31幅画作中，这20人都选了曼德尔的解读。弗伦奇本人说，这个结果非常具有统计学意义，因此曼德尔的言论“值得认真考虑”。

对灾难产生预感可能并非人类独有的现象。很多情况下，动物也可以“预感”地震和雪崩等灾难，比如猫会逃跑或躲藏，狗会哀号或狂吠好几个小时，鸟儿会行为异常地从笼子里逃出来。下面是一位村民关于 1999 年希腊大地震前几个小时里，他家动物的奇怪行为的描述：

> 几乎所有的禽类——家鸡、野鸡、鹧鸪、鸭子和鹅，都表现得非常紧张……鹅开始喧闹地啼叫，一个个漫无目的地四处乱跑，而不像往常那样成群结队，我以为周围有一只狐狸。这种行为变得越来越激烈，到地震发生时，它们惊慌失措，绕着围栏跑来跑去，仿佛想要逃走。地震前大约五分钟的时候，狗开始嚎叫，那种叫声我以前从未听过。

你可能会说，动物拥有这些“能力”仅仅是因为它们的感官比我们的更加灵敏。也许动物能够感受到地震的震动，而这种震动对于人类来说太过微弱而无法察觉；抑或动物对天气变化很敏感。然而很多时候，动物在无法感知外界的情况下，也能对即将到来的事情发出警告。

第二次世界大战时期，许多家庭都依靠狗的警告来预测空袭。当狗发出预警时，飞机还在数百英里之外，所以它们不可能听到声响。在伦敦，一些狗甚至能对 V2 超音速火箭发出预警，而这种火箭的声音它们根本听不到。

几年前，我住在新加坡的时候，亲眼看到过类似的现象。在我们住所附近的一条街上，有一些拉客的人妖，他们原本是男人，但装扮成了女人，有的还做了变性手术。他们都很稀奇古怪，有时我和妻子喜欢坐在对面的酒吧里，看他们大摇大摆地走来走去。当然，他们的所作所为并不合法，但却从来没有被警察逮到过，因为他们以某种方式训练了一只神奇的小狗，可以警告他们警车的到来。那只狗总是静静地躺在台阶上，但偶尔会突然变得非常焦虑不安，大声嗥叫，四处奔跑。人妖们将此视为躲藏的信号，大约一分钟之后，警车就到达了现场，从来没有失误过。我看见过几次，也听到过很多人对此发表评论。一个显而易见的解释是，狗的听觉异常灵敏，能够听见一段距离之外的警车声响；但是，这些警车从未开启过警报器，所以很难知道狗听到的到底是什么。你可能会说，也许警车的引擎发出了特别的声音，但是路上的交通实在太嘈杂了，而且警车也不是特殊类型的车辆，所以很难想象狗是如何通过训练听见车响的。那只狗通常会在警车到达至少一分钟之前做出反应，对于这种能力，人们无法给出合理的解释。

此外，很多癫痫患者相信他们的狗可以预警癫痫发作，从而让他们有所准备。人们研究了 21 条具备此能力的狗，结果发现在主人癫痫发作之前，所有的狗都变得焦虑不安。它们又嗥叫又呜咽，跳起来用鼻子蹭主人，促使他们坐下或躺下。研究表明，狗的预警总是很准确。当然，这些情况下，狗也有可能是在对主人的感官暗示做出反应；但重点是，有些狗即使待在另一个房间，也能对主人的癫痫发作发出预警。此外，有的狗还可以预测主人的心脏病发作和糖尿病昏迷。最近在《英国医学杂志》(*British Medical Journal*)刊登的一篇文章中，一位女士讲述了自己依靠三岁的金毛猎犬来预测低血糖发作的故事（因为她患有糖尿病）。作者指出，在发作当天，“金毛走来走去，还将头放到她的膝盖上；在夜间发作时，金毛会对着卧室门吠叫、乱抓。只有在自己恢复后它才会安定下来”。

当然，所有这些都只是叙述，在某些情况下，可能会因夸张或修饰而有所失真。虽然我相信这不太可能，但有时候这些报道也许完全是骗人的。然而，将预知实验的科学证据与惊人的奇闻轶事结合在一起，很难让人怀疑这不是真实现象。

值得重申的是，从本书提出的时间观点来看，所有这些经历似乎都不足为奇。人们通常会认为，类似预知这样的体验与科学的世界观相违背；但实际上，它们完全符合现代物理学提出的非线性时间观。因为物理学中不存在时间流逝，也不区分过去、现在和未来；所以在特殊情况下，我们能够瞥见或预测未来（我认为，某些疑问产生的原因在于，很多怀疑论者没有完全领会现代物理学的意义，特别是量子物理学）。未来已经存在，但是正常的自我意识将我们局限在了线性时间观里，所以我们通常无法触及未来。

的确，这些经历与我们在第 4 章和第 5 章中看到的自我意识休眠体验之间，确实存在联系。尽管我们有时会在正常的意识状态下拥有这种经历，但是大部分的预知体验都发生在自我意识缺失或自我意识较弱的情况下，比如梦境、深度放松或极度专注这种心理意识不活跃的时刻。即便我们试图体验这种经历，即有意识地去努力感受，也不会有所收获。当我们思绪翻飞时，正常的自我心理状态似乎阻碍了精神力量。我经常发现当我打开一本字典或一本书时，正好翻到要读的那页。这种情况总是会出现，我很确定这不只是巧合，而是我大脑中某种高级功能的作用。但这只会出现在我没有思考的情况下，通常是在我全神贯注，毫无意识地伸手打开书时。而每当我知道自己在做什么时，再有意识地去翻开我想要的那一页，就不会成功。所以即便有许多成功的实验演示，但有些通灵师发现在“科学”的条件下还是很难再现他们的能力，这也许就是可能的原因之一。

在这种情况下，某些动物拥有异常能力似乎也能说得通。根据某种有争议的理论来看，我们所了解的“精神力量”，如心灵感应或预知，在某种意义上可以说是所有物种与生俱来的能力。毕竟，即使像白蚁这样的昆虫也能共同合作（建造摩天大楼、挖空树洞或移动土壤），它们拥有惊人的组织力和精确度，这意味着某种心灵感应或“群体心理”可能在发挥作用。在人类身上，由于我们的自我意识忙于思考而产生了阻碍，因此这些能力通常不会显现出来。但是，像狗这样的动物不会和我们一样拥有自我思考的能力，也许正因如此，它们天生的精神力量才会显现出来。

倒摄认知：让我们重新体验过去

如果未来已经存在，过去也仍然存在，那么正如我们可以瞥见未来，我们也可以重新体验过去。众所周知，倒摄认知似乎要比预知更加少见。然而，关于这一现象却有许多充分证实的报道。

一个著名的例子发生在 1901 年，当时两名英国妇女安妮·莫伯利（Annie Moberly）和埃莉诺·乔丹（Eleanor Jourdain），正在巴黎附近凡尔赛宫的一个公园散步。她们开始无缘无故地感到沮丧，然后惊奇地看到许多穿着 18 世纪服装的人。有两名园丁给她们指路，还有一个人警告她们不要走某条路，之后她们经过了一个正在画画的女人。几个月后，她们两人中的一人回到了凡尔赛，又有了同样的“诡异感”，她仿佛“越过一条线，突然进入了某个影响势力圈”。这次她看见两个着装奇怪的工人正在往手推车上装货，但是下一秒她再回头看的时候，他们却消失了。在一片广阔的空地上，她却听到了有人说话的声音以及裙子窸窸窣窣的声音，可是看不到一个人。

三年后，两位妇女回到了这个公园，发现所有的一切都变了。她们记得公园里曾经有桥、树木、深谷和凉亭，但是现在这些都不见了。在研究了凡尔赛的历史与地理之后，她们认为自己曾经落入了一个“时间黑洞”，看到了这个公园 100 多年前的样子，也就是 1789 年法国大革命不久之前的样子。这也就解释了她们所体验到的沮丧感和恐惧氛围。莫伯利和乔丹将她们的经历写了下来，然后以《一次奇遇》（*An Adventure*）为名于 1911 年出版了本书。该书出版之后，很多人都提出他们在这个公园有过类似的经历。例如，有一户人家住的公寓可以俯瞰凡尔赛，他们说曾两次见过在公园画画的那个女人，也见过其他穿着 18 世纪衣服的人。还有一对法国夫妇比莫伯利和乔丹早一年参观过这个公园，他们也看到了书中提到的园丁和犁地者。

另一个关于倒摄认知的例子发生在 1957 年，当时有三个年轻的海军学员在训练时，走进了萨福克郡一个名叫克西的村庄。那是个周日的早晨，天气晴朗，预想中人们应该在街上边聊天边向教堂走去，但是这个村庄却异常冷清。这里没有汽车、电话线和无线电天线，没有一点20世纪50年代的生活迹象。而且季节仿佛也发生了变化，现在已经11月了，他们刚刚才看到田野呈现出秋天的颜色；但在这个村庄里，好像突然变到了初夏，树上的枝叶还很茂密。三人中有一个叫威廉·莱恩（William Laing）的人，他这样告诉超心理学研究员安德鲁·麦肯齐（Andrew MacKenzie）：

> 那里有一家肉店，是我们在这个村里见到的唯一一个商业性建筑……店里没有桌子和柜台，只有两三头被剥了皮的整牛，那个地方因年代久远而长满了青苔……谁会相信在1957年卫生当局会允许这样的情况发生……
>
> 当你走过房屋时，特别是在这样的住宅区，你会看到窗户上有壁纸或花瓶的痕迹；但在走过巷道时，每个房子的窗户里面都是黑漆漆的……我们透过窗户往里看，我很清楚地记得一个较小的房间有扇后窗，房间里没有家具，没有窗帘，白色的涂漆有些暗沉，肯定不是现代的装修质量。

通过研究，麦肯齐认为这些人来到的是600多年前的这个村庄，最有可能是在1349年，村庄遭受了黑死病的破坏之后。

这些都是关于倒摄认知的独立事件，但是在另一些案例中，有的人具有重复体验过去经历的能力，就和能够反复瞥见未来的通灵师一样。历史学家阿诺德·汤因比（Arnold Toynbee）有过多次倒摄认知的体验，他见证了一些重大的历史事件。用他的话来说，他会被“带入‘时间口袋’中，感觉是在一架普通的飞机上与人交流，然后在正常的意识状态下，被巨大的时空鸿沟分隔开”。这种时候，他会“瞬间从一个遥远的旁观者变为一个直接的参与者，就像干瘪的骨头长出血肉，迅速有了生命”。

例如，1921 年他在土耳其以弗所古城的剧院里，突然发现自己正在目睹大约发生在两千年前的场景。空荡荡的剧院瞬间“挤满了喧闹的人群，就像死者有了呼吸，重获新生并站了起来”。两名基督教传教士盖厄斯（Gaius）和阿里斯塔克斯（Aristarchus），被带到了剧院。之前他们来到镇上，谴责了镇民对狄安娜女神的异教崇拜。汤因比听到人群高呼“狄安娜万岁”，心想这两个人会不会被打死。镇上的工作人员介入进来，试图规劝人群，但就在此时，这一场景消失了。汤因比“在以弗所剧院看到的一切使他陷入深渊，可突然他从 19 世纪的深渊中，再一次被带回了时间流的当前表面”。

汤因比的某些经历和此经历一样指向重大历史事件的现场，而其他经历则只是出现在他阅读的过程中。1911 年，汤因比在牛津上学时，读过历史学家李维（Livy）关于公元前 90 年至公元前 80 年罗马及其盟友之间战争的描述。当他阅读到一位罗马领袖在被妻子背叛后自杀的故事时，他“瞬间穿越了时空，从 1911 年的牛津来到了公元前 80 年的替隆（Teanum）”。汤因比详细地描述了他所目睹的场景。当时是晚上，他在后院看到，那个男人悄悄溜回家，确信自己能在妻子那里找到安全感，但是：

……听到他的低声呼喊后，一个女人从窗户那儿探出头，简短的谈话后他发现，自己的妻子和战友一样残酷无情。刹那间，刀刃出鞘，他砰的一声倒了下去，溅起的鲜血封印了叛徒妻子的罪行，再也无可挽回。空中复仇女神的双翼还振动着发出声响，但就在这时，20世纪的目击者再次被卷入其中，瞬间回到了正常的时空轨迹。

也许，我们有时也能在自己的生活经历中体验倒摄认知。有时候，过去对我们来说异常真实，真实到我们觉得它在某种程度上依然存在。例如，你在收音机里听到一首好多年没有听过的歌，你会联想到生命中的某个时刻。在你聆听的过程中，这首歌将你带回了你以前听它的那个场景。突然间，好像打开一扇门，你能感受到当时居住的公寓氛围、景象、气味和声音，你可以重新体验当时的自己，你和那时有着同样的感受及想法。这似乎不只是回忆，因为你可以清楚地感知一切。或者，当你闻到或尝到某种特殊气味或味道时，你也能回到早先与之联系的那个场景。其中有个著名的例子，它和马塞尔·普鲁斯特（Marcel Proust）的系列名著《追忆似水年华》（*A la recherche du temps perdu*）的开篇很像。叙述者（普鲁斯特本人）几乎不加掩饰地描述说，自己在蘸着茶吃蛋糕屑时，童年会再一次极其真实地出现。起初，他有一种无法抵挡的喜悦感，感觉“生活的沧桑早已无关紧要，生活的灾难变得无关痛痒，生命的短促也都是虚幻……开始觉得自己不再平凡，不再飘忽不定，也不再终将死亡”。他开始意识到，这种喜悦源于自己超越了线性时间，重新连接过去，回到了儿童时代，当时莱奥妮姨妈常常将一块玛德琳蛋糕在茶里泡一下给他吃。他很快意识到，味觉与嗅觉赋予了他“巨大的回忆结构”，姨妈的房子、村庄广场、街道、花园和公园，从漫长的休眠过去突然焕发生机。

或者，当你重新访问以前的住所时，这种情况也会发生。几年前，我回到了大学生活的城市考文垂（Coventry），就有过这样的体验。当时，我在日记中这样描述自己的经历：

> 我可以强烈地感受到过去曾感受的一切，就好像回到了那个时刻、那个地点。这种感觉非常真实，吓了我一跳。站在位于山毛榉路的房子外面，这是我曾经住过的地方，我能够看见屋里的自己；我有点期待房门被打开，然后看见自己从里面走出来。我感觉自己就像来自未来的幽灵，偷听着我的过去。这种感觉非常强烈，我甚至觉得过去在某种程度上依然存在。

当然，我或者普鲁斯特的这种经历可能只不过是一种强烈的回忆。汤因比看到的历史场景，也可能只是异常逼真的白日梦或幻觉。除了现实的主观感受，没有任何方法可以验证这些体验的真假。但是，根据我们在本书中提到的观点以及现代物理学，假若没有这种体验出现，那可能才是奇怪的。如果时间整体是一幅全景图，我们的线性时间感只是自我意识的产物，那么也很好理解线性时间感这道屏障有时会消失，让我们得以瞥见真实的过去。这些关于倒摄认知的例子表明，我们过去所有的生活经历，以及世界历史上所有发生过的事件，实际上并没有停止，也没有消失在尘埃里。在某种意义上，它们仍然存在，而且与现在平行。本杰明·富兰克林（Benjamin Franklin）所声称的“光阴一去不复返”可能并不真实，而戴维·赫伯特·劳伦斯（D.H.Lawrence）的说法“完美欢乐的体验永远不会归于虚无”才是真的。

挣脱线性时间的束缚，在当下体验过去和未来

催眠中的预知和倒摄认知

在第 5 章中我们已经看到，催眠状态下时间可以被大大延长，这样人们就可以在几分钟之内完成通常需要一个小时甚至更长时间才能完成的任务。但是，催眠也可以从另一个角度彻底改变我们与时间的关系。有时，催眠能够让我们挣脱线性时间的束缚，显然，这样一来，我们就可以重新体验过去，预先体验未来。

有一次，我见过一位舞台催眠师告诉实验对象他回到了五岁的时候。那个人的声音和语言立马转变成了五岁孩童的样子。不仅如此，他好像真的生活在五岁的世界里：和哥哥吵架，因为哥哥不给他糖果而哭泣，然后向母亲告状。他似乎不只是在回忆自己五岁时的样子，而是好像真的变成了五岁。从弗洛伊德开始，精神分析学家就一直利用类似的催眠回归，使患者重新体验痛苦的经历，并希望以此解决问题。

让一个人回归到以前的生活阶段已经令人叹为观止，但某些催眠师认为他们还能更进一步，让一个人回归到过去的生活。当然，这一点极具争议，要想接受这种想法，不仅要相信线性时间只

是一种幻觉，还要相信轮回转世。我一直对轮回持有怀疑态度，但我承认有些著名的例子似乎真的体现了前世回溯的存在。比如，有这样一个得到充分证实的案例：一名患有幽闭恐怖症以及怕水的人正在接受催眠治疗，催眠之后，他变成了一个叫詹姆斯·约翰斯顿（James Johnston）的人，这个人曾在第二次世界大战中死在了一艘潜艇上。催眠师是瑞克·布朗（Rick Brown），他后来在《回归疗法杂志》（*Journal of Regression Therapy*）中描述了这一案例。患者向催眠师讲述了很多关于自己前世生活的细节，包括他的潜艇名字、船员姓名、潜艇的位置、沉没的方式和时间（1942 年 2 月 22 日），以及战争之前他的生活。布朗查看了美国海军和民间资源保护队的文件，调查了詹姆斯的高中就读记录和出生记录，还去詹姆斯的故乡采访了亲朋好友；调查发现患者给他提供的信息完全属实。

更令人惊讶的案例是，有位美国妇女（名叫 L.D.）与催眠师琳达·塔莱兹（Linda Tarazi）进行了 36 次有录音的回归疗法。在治疗中，L.D. 说的是西班牙语（这是她以前从未学过也从未说过的语言），她还“变成”了一个叫安东尼娅（Antonia）的妇女，16 世纪时，安东尼娅曾在西班牙、德国、英国和秘鲁居住过。治疗的录音记录了 1 000 多页的信息，塔莱兹和其他研究人员花费了数年时间进行检验核实，查看了 16 世纪的西班牙文献，以及安东尼娅故乡西班牙昆卡的市政文件。其中有些细节非常模糊不清，有些又过于确切，甚至连历史学家都不会知道，更别说一位对欧洲历史知之甚少的美国妇女了。比如，在一次录音治疗中，安东尼娅谈到审判官乌略亚（Ulloa）和总督比利亚尔（Villar）之间发生了争执，还提到一个名叫普拉多（de Prado）的人，他支持乌略亚。经过大量研究之后，这些名字在16世纪的西班牙文献中都被找到。安东尼娅还说过一些她在昆卡的好友姓名，当塔莱兹去昆卡考察的时候，在官方调查记录和市政档案里找到了其中的八个姓名。在一次治疗中，安东尼娅提到16世纪中期昆卡建立了一所学院，老师和学生们常常在她的小酒馆见面。但是，当塔莱兹的历史学家同事想要证实这一点时，他们却找不到任何有关这所学院的资料，城镇的档案管理员对这个学院也一无所知。然而，有人建议塔莱兹去查阅收藏在洛约拉大学的文献，她在那里发现了一本鲜为人知且有七卷的西班牙古籍，里面提到了那个学院的建立。

其他得到证实的信息还包括：西印度群岛上实施的西班牙航运法、地中海和大西洋运行的船只类型、伊斯帕尼奥拉岛上颁布《信仰令》的日期、1581年和1582年在英国被处决的牧师姓名以及处决方式。这些事实大多根本没有用英文发表，只能在昆卡的档案资料中找到。

如果催眠能够让我们重新体验过去，也许它也能让我们触及未来。1964年，历史学家查尔斯·哈普古德（Charles Hapgood）见过一个案例演示，其中一位名叫肯尼思·里昂（Kenneth Lyons）的心理学家，让一名被催眠的男子回归到了他上学的第一天。哈普古德在演示中看到，男子的声音变成了童声，还细致地描述了那天所发生的一切。但这之后，里昂似乎又让男子回到了前世的生活。男子“变成”了一个17世纪的名叫查尔斯的人，住在康沃尔，死于一个伦敦的监狱。哈普古德对此大吃一惊，而且印象深刻，他说服里昂在更加科学的条件下进行实验，于是有了一个为期两年的前世回溯实验。

然而，有一次哈普古德突然想到，催眠也可以用于“展望”未来。他开始对此展开实验，并取得了惊人的结果。例如，一个名叫杰伊的学生通过催眠“展望”了下个星期三。他把那天要做的每件事都详细地说了一遍，当他从催眠状态中醒来时，完全不记得自己说了些什么。然后到了那个星期三的晚上，哈普古德问他一天都做了什么，所有的细节都和他上星期的描述完美地匹配上了，甚至包括他在大学食堂里看的菜单、在课堂上做过的测试和任务、偶遇的一个飞行员，以及那个飞行员向他讲述的飞机失事细节等。哈普古德在其他学生身上重复了实验，也取得了同样的成功。

如果在无自我意识的睡眠状态下，人们可以常常体验预知；那么在无自我意识的催眠状态下，人们可以瞥见过去和未来也不足为奇。但是我要指出，并非所有无自我意识的状态都能让人感受到非线性时间。例如，没有任何证据表明，在由意外事故、突发打击、药物和精神分裂症引起的无自我意识状态下，这种体验会发生，尽管在这些情况下时间会大大减慢。在某种意义上，这种体验会出现在高层次意识状态下，就像我们在上一章中看到的那样。在最高等级的意识状态中，我们完全超越自我意识，也能超越线性时间，体验到“永恒的现在”。

濒死体验

另一种我们可以超越线性时间界限的无自我意识状态是濒死体验。大多数人都知道，经历短暂死亡之后又苏醒时会出现这种体验。这时人的意识似乎会脱离身体，常常跑到上方俯视着自己。人们会看见一道明亮的白光，体验到强烈的平静感与欢欣感。一些科学家和怀疑论者试图从大脑活动的角度来解释这些体验，认为它们是由于垂死的大脑缺氧或者疼痛时内啡肽激增造成的。针对这些理论，我在此并不打算赘述所有的反驳论点，但其中重要的一点是，在很多情况下，濒死体验发生时，人的大脑和身体从临床上来说已经死亡，没有任何活动的迹象。而且，如果一个人的大脑已经被诊断为临床死亡，这个人就不会再有任何体验，就像关闭电视后不再出现画面一样。

在濒死体验中，人们对持续的时间问题并没有给予太多关注。这可以理解，因为其他方面的问题更加突出且更值得注意。但一般来说，人们似乎可以体验到时间延长或永恒的感觉。濒死体验和高层次的意识状态有很多相似之处，有时人们会体验到迈斯特·埃克哈特和理查德·杰弗里斯等神秘主义者所描述的超越时空的感觉。例如，一个人开车撞墙后，经历了短暂的“死亡”，他描述说自己体验到了“一种宁静、永恒的感觉，在一片漆黑中感受到了温暖与舒适，高高地飘浮着，远离了刺耳的嘈杂声”。以下是一位退休的空军上校的描述，他说自己触电之后，意识到线性时间是一种幻觉：

> 1957 年，我 13 岁，遭到了 7 200 伏特的电击，经历了典

型的濒死体验……“过去”“现在”和“未来”的常规概念开始变得扭曲……在濒死体验的最初阶段，人体架构和“时间之箭”慢慢消失……之后意识状态开始不断提高。我清楚地记得那种拥有额外维度的喜悦感，想要停下来庆祝每个额外维度的到来。

另一些人在脱离肉体时，会体验到极端的时间“延长感”。他们可能只脱离了肉体几秒钟，却体验了一段令人难以置信的经历，他们穿越隧道走向光明，遇见了去世的亲人或生命之光，看到了其他世界的现实生活，等等。正如英国研究濒死体验的领军人物彼得·芬威克（Peter Fenwick）所说：“在濒死体验中，时间往往会发生变化，有些人认为这段体验几乎就是永恒。”例如，1986 年，一个名叫埃文·帕索博（Avon Pailthorpe）的女人在高速公路上开车失控了。汽车在快车道上旋转，埃文努力控制着，突然就在这时，她发现自己脱离了身体，高速穿越了一条隧道。起初，这条隧道一片漆黑，渐渐开始变得明亮，同时也没有那么清晰了。在穿越隧道的过程中，她听到周围正进行着一场辩论，以某种形式存在的物体正在讨论她是否应该回到自己的身体。她感觉双方都有很多想法，来回争论；过了一会儿，她意识到双方做出了决定，可她也不知道这个决定是什么。之后，突然间，她回到了自己的身体里，回到了快车道上的车里。她感觉自己“还没获得离开的允许，因为她的孩子已经失去了父亲”。她觉得回到身体里的感觉很奇怪，好像自己离开了很长时间，需要重新熟悉一下。可就在这时，她看到一辆白色汽车飞快地驶来，然后就失去了意识。

那辆车撞上了她的车，并给她造成了严重的伤害；她完全失去了意识，在医院的时候，医生担心她会无法醒来。然而奇怪的一点是，她的濒死体验发生在撞击之前。不知为何，正常的线性时间流动似乎被打乱，所以她在真正“死亡”的前几秒钟有了这样的体验。也就是说，结果先于原因，就好像有时原子核内部爆炸之后才出现爆炸原因一样。但是这段经历有趣的另一点在于，按照时钟时间来说，从她的汽车旋转失控到被迎面而来的汽车撞击，埃文·帕索博只脱离了身体几秒钟；但是从心理学上来说，她体验的时间显然远比这个长。

就时间而言，濒死体验最突出的一个方面是“人生回顾”。在此过程中，人们会看到生命中的所有场景在那一瞬间重新上演。一些研究人员发现，四分之一到三分之一的濒死体验会出现人生回顾这种情况。下面这个人在音乐节上，因为坐到了一根磨损的电线而经历了短暂的“死亡”，在采访中他描述了自己的人生回顾体验：

> 那一刻，我的整个人生在一幕幕场景中匆匆闪过，包括我曾经做过的一切，以及发生在我身上的每件事。所有的场景都在我眼前，各种细枝末节，还有许多我以为自己已经忘记的事情。尽管只持续了几秒钟，但我却看到很多东西。

在下面的例子中，这个人的人生回顾虽然在“现实”时间中只持续了几秒，但他却感觉时间被无限延长，他不仅看到了生命中所有不同的场景，还有时间进行一一思考。他曾经是英国皇家空军的一名飞行员，名叫艾伦·普林格（Allan Pring），在一次错误的例行操作中经历了“死亡”：

> 我知道我已经死了，但是一点也不焦虑痛苦，或者我没有经历死亡的过程，而是正处于一个不同的现实状态……我认为我已经没有了肉体，感觉自己好像飘浮在广袤的空间中。然后我回顾了人生，从童年开始，看到了很多我已经完全忘记的事情。我的一生从我面前瞬间闪过，但它却包罗万象，甚至还有我的想法……这种人生回顾有一个独特的特点，很难描述，更无法解释。尽管一瞬间就完成了回顾，确实是一闪而过，但我却有时间停下来思考不同的事件。

有时，在临终前的瞬间，或者当一个人看起来必死无疑时，也会出现人生回顾这种体验。例如，瑞士地质学家阿尔伯特·海姆（Albert Heim）爬山时从悬崖上摔下来，在他跌落的过程中，他的“整个人生从眼前闪过”：

> 坠落的时候，我涌现出大量的想法。在这五秒到十秒内我所感受以及想到的一切，用十几分钟也说不完。我在脑海中看到亲人们得知我的死讯，我安慰了他们。然后，我仿佛看到一个遥远的舞台，正在上演着过去我一生中的无数场景。

有趣的是，在某些案例中，人们既可以看到未来，也可以回顾过去。他们能够体验“闪前”和“闪回”。当事人会将自己的整个人生看作一幅全景图，未来以及过去的一切都会在他们面前显现。他们明白，如果可以回到自己的身体里，这些事情就会在未来发生。

我们可以将这些体验看作心理时间第五条规律的例子（当“思维意识”或“自我意识”休眠，时间的流逝往往会变慢或完全停止）。重点是，濒死体验似乎是一种无我体验，可以进一步证明我们正常的线性时间感只是幻觉。还是那句话，当事人会保留身份认同感，还有意识知道正在发生什么，但这并不是正常的自我意识，只是自我意识瓦解以后留下的纯粹意识。当我们“死亡”时，我们超越了自我意识，将其连同身体一起抛在后面；因此，我们的时间感不再受自我意识控制，正常的时间顺序和持续也不再发挥作用。在这种情况下，时间完全有可能彻底变慢或停止，所以一个人几十年的生活会在一瞬间重放，打破未来、现在与过去之间的划分。在这种超越自我意识的状态下，时间不复存在。

时间是自我意识的产物

在超越自我意识的状态下，我们体验到的永恒显然是多方面的。有时候，时间似乎会大大延长或者完全停止，就像运动员处于巅峰状态，抑或是人们经历幻觉或精神分裂症的状态。还有时候，我们可能会超越线性时间，瞥见未来或过去的场景，就像在预知体验、倒摄认知体验或催眠恍惚状态下那样。更厉害的是，我们也许可以把整个人生看作当下的一个瞬间，和濒死体验一样。但最为强大的还是，我们可以在当前时刻体验过去发生的一切以及未来会出现的一切，就好像神秘主义者所体验的永恒瞬间。

想要理解这些体验的唯一办法就是，将心理时间看作自我意识的产物，就像宇宙时间离开了引力场会消失，心理时间离开了自我意识也不复存在。实际上，线性时间是一种幻觉；整个时间，包括过去曾发生的一切以及未来要发生的一切，都不可分割，并与现在共存。就像 18 世纪德国哲学家康德所说的那样，不存在所谓的“客观时间”。时间只是心理的一个“范畴”，我们需要它来梳理自己的体验。世上并不存在时间，我们将它作为“知觉器官”的一部分，“强加”给了世界。或者，用心理学家库尔特·德雷斯勒（Kurt Dressler）的话说：“在现实的真实本质下，时间只是一个不间断的整体，拥有全貌；而在我们的意识中，时间是短暂连续的。”为了不让“时间”这个概念显得含糊不清、不合科学，重点是要记住，和我们之前看到的一样，时间正好对应某些宇宙现实本质中最基本的物理学概念。

将这些概念的所有例证当作一个整体来看待非常重要。如果怀疑论者把预知体验和濒死体验分开来看，他们也许只能说服自己，只有理性的科学方法才能解释这些体验。但如果他们被迫去考虑大量证实预知体验的科学实验，大量有关预知、预感和倒摄认知体验的轶事，大量类似濒死体验和高层次意识状态的跨文化报道，大量催眠或药物影响下的巅峰体验和其他无我状态，而且还记得考虑现代物理学家们的观点，他们肯定会相信平时的顺向线性时间观是一种幻觉。

保罗·戴维斯在注意到现代物理学中不存在线性时间观之后，开始思考这是否要归咎于物理学，因为物理学“很少关注心理意识在宇宙中的作用”；也开始思考事情的真相是否在于，时间的流逝只是我们心理产生的幻觉。但从我们得到的证据来看，这一切应该归咎于我们的心理，而非物理。只有在心理意识中，时间才会流逝。

重点是，我们需要线性时间感来组织生活体验，使生存变为可能。法国哲学家亨利・柏格森（Henri Bergson）就认识到了这一点。他说，未来的一切和过去的一切都存在于现在，但如果我们达到了这种时间信息状态，就无法生活了。我们会被大量信息轰炸，无法专注于当下。柏格森还说，正因为如此，我们的意识拥有了“屏蔽”未来与过去的能力，从而使我们的注意力完全集中在当下。换句话说，我们的线性时间感对于生存来说是种帮助，就像我们在第1章中了解到的脱敏机制一样。它们都可以“关闭”我们对信息的注意力，使我们专注于生存的实际问题。

为了生存在这个世上并合理地安排生活，我们需要线性时间感，但这是否就意味着，我们必须要接受时间的支配？毕竟，就算是神秘主义者也得时不时地回到线性时间中来，比如做饭或接电话的时候。但是在此，我们还是要以传统的土著民族为例，这点很重要。与我们相比，他们拥有更多的时间延长感，具备更强的活在当下的能力，却依然能够生活在这个世上，处理日常生活中的实际问题。我相信，我们也同样可以较少地受制于时间。也许我们可以改变感知时间的方式，从而使时间变慢，甚至超越时间。在本书的最后两章中，我们将探讨如何做到这一点。

第三部分

我们该如何控制时间流逝感

第 9 章
我们如何控制时间和让时间驻足

从现在开始，我们要从哲学理论转向实际应用了，探讨一下如何将学到的时间知识应用于自身生活。在接下来的两章中，我们将研究如何控制时间流逝感，特别是如何减慢时间，从而有效增加生命中的时间量。此外，我们还会探讨如何使自己从时间中解放出来。

这其中的关键在于心理时间的五条规律以及它们的起因，即心理时间的两大关联物——信息和自我意识。一旦弄清了某事发生的原因，你就有可能控制此事。比如，倘若你知道了某种疾病的成因，就有可能找到治疗方法。同样，如果我们能明白为什么时间在生活中的流逝速度会发生变化，也许我们就能控制时间。

让时间快速流逝

要想让时间快速流逝，需要注意三个策略。首先，最重要的策略是使自己处于专注状态，这一策略我们都使用过。其次，要在可能的情况下，尽量避免疼痛或不适，因为这些感受会延伸时间。最后，尽量减少时间意识，越关注时间，时间过得就越慢。

以长途飞行为例，使时间快速流逝最有效的方法是，通过阅读、看电影、聊天等方式进入专注状态。但也要确保自己在精神上和身体上感到舒适，这点很重要。如果非常焦虑或紧张、觉得座位拥挤、衣服太紧或满是汗湿，就会发现自己很难从当下的实际状况中转移注意力（你也可以不佩戴手表，从而让自己更少地留意时间）。有一次，我在飞机起飞之前到起飞之后这段时间进行了深度冥想，使自己进入了非常放松的状态，这是我最舒服的一次长途飞行，也是时间过得最快的一次。我还在候机室练了一会儿瑜伽，这样身体就会舒展放松。此外，飞机上人不多，可以让我伸展四肢；而且也没有显示时间的设备，所以我不知道过了多久。

我们再想一下，如果有个人不是特别喜欢自己的工作，想要让时间过得越快越好，那么他的主要目标应该是不能让大脑闲下来，也就是要一直拥有足够多的任务，使自己保持稳定的专注状态。短时间的注意力分散是可以的，而且当然，他也的确需要放松。但如果注意力不集中持续的时间太长，他就会陷入一种无聊的状态，时间将会延长。

问题可能是他的工作过于简单且重复性高，所以他很难保持专注状态。如果是这样，他或许需要通过其他方式来转移注意力，比如听收音机或聊天。他还需要确保自己身心舒适（比如不能太累、太焦虑，以及拥有和谐的同事关系），也可以不戴手表或将钟表从墙上摘下来，从而使自己尽量少留意时间。

如何消磨很长的时间段

快速度过一小段时间很容易，比如在公交车站等 10 分钟，在候车室待一小时，甚至上班工作一天。但如果你拥有一整年或 10 年的多余时间，该怎么办呢？你会如何消磨这些时间呢？

这就是囚犯所处的境地。一名囚犯这样告诉研究员戴安娜·梅德利科特（Diana Medlicott）：“时间过得极其缓慢，我已经待了 12 天了，却好像四个星期——时间就是不流动。”研究表明，大多数长期服刑的囚犯都会制定策略来打发多余的时间。一些人会给自己安排长期的计划，比如健身、通过上课以及考取资格证书来“健脑”。正如斯坦利·科恩（Stanley Cohen）和劳里·泰勒（Laurie Taylor）在《心理生存：长期徒刑体验》(*Psychological Survival: The Experience of Long Term Imprisonment*）一书中写的，制订计划的目的是为了给可怕的空虚时间施加某种秩序、建立时间段、形成自己的主观时间，以免陷入“迷雾深渊”般的恐惧。此外，长期服刑的囚犯常常会把时间分成小段，且不会去考虑下一个“阶段”之后的时间。比如，若服刑 20 年，他们会每五年规划一次时间。

和短期时间一样，囚犯想要快速度过刑期最有效的方法，也是尽可能多花时间处于专注状态，比如工作、看电视、培养兴趣爱好，总之要抓住一切机会使自己忙碌起来。在索尔仁尼琴（Solzhenitsyn）的小说《伊凡·杰尼索维奇的一天》(*One Day in the Life of Ivan Denisovich*）里，主人公根据自己在一座劳改营中度过的岁月，描述了“时间如何在工作中飞逝……时间在劳改营中匆匆流过，还没来得及说一个字就已结束”。但是，大多数囚犯的工作都平淡无奇且要求简单，所以他们很难感受到时间飞逝。例如，科恩和泰勒在研究英格兰帕克赫斯特监狱的囚犯时评论说：“在帕克赫斯特‘零件作坊’工作的人，需要将金属末端粘到绿绳上以固定文件，想要让他们投入其中来加速时间流逝，但用处不大。”然而，一些囚犯确实告诉泰勒和科恩，他们觉得工作总比无所事事好，而且如果努力让自己沉浸其中，时间就会过得更快。

在监狱里，要想进入专注状态可能还会受到其他方面的限制。有些囚犯几乎一整天都被关在牢房里，除了看电视和看书，没有任何分散注意力的方式。这种情况下，正如我们在第 3 章提到的那样，很多囚犯都想要“睡过”自己的刑期，这不足为奇。在万不得已的情况下，睡觉是消磨时间最有效的方法。然而，从更小的方面来说，将时钟和日历等时间标记从牢房中移除，并且尽可能保持身体舒适（例如通过锻炼），对囚犯可能会有一点帮助。

如何打发无聊的等待

等待是我们生活中的一大烦恼。我们都讨厌等待，但很遗憾又不得不花大量时间来等待，比如在邮局、银行、火车站、机场、牙科诊室、超市等地方。1988 年的一项研究发现，美国人一生中平均要花费大约 15% 的时间在排队等候上，花费大约 3% 的时间在回电话上。还有研究表明，持续的等待不仅会引起巨大的心理不安，还会导致身体出现问题，比如溃疡或冠心病等。

大多数的机构组织会提供杂志、电视或音乐，来象征性地减轻等待的负担。然而，考虑到焦虑和时间缓慢流逝之间的关系，等待的环境也要尽可能令人愉悦放松，这点非常重要。最近，奥克兰大学的斯蒂芬·比托（Stephen Buetow）博士在一篇论文中研究了影响时间感知的因素，并且为医院患者提供了加速时间流动的方法。他强调说，创造一个舒适的环境，并且雇用态度友善、具有共情力的员工很重要：

> 通过改变物理和社会环境来压缩时间，可以尽量减少等待的负担……要想营造这样的环境，工作人员在与患者互动时，需要展现出温暖、关怀的态度，而非仅仅是避免伤害……
>
> 对于特定的患者来说，候诊室的物理环境，包括材料、颜色、形状、质地和声音，要让人感觉熟悉、安心，而不应千篇一律。

但是，对付令人沮丧的等待体验还有另一种办法，就是努力活在当下。在等待的过程中，你的注意力会有一部分集中在未来，集中在你想做的事情上面，比如赶快接受医生或牙医的治疗、赶快到收银台整理包裹、赶快坐到公交车或火车上。此外，你的脑子里满是日常的嘈杂思绪，比如昨晚做了什么、一会儿要做什么等，我们知道这类信息会使感知到的时间减慢。我们不应关注未来或者嘈杂思绪，而应将全部的注意力集中到现在。在等候室，你应该留意周围的摆设或其他物品，感受目之所及的所有存在：物体的颜色、形状和质地，穿过窗户的光线，以及外面随风摇摆的树木。留意房间中的自我存在，包括身体靠在椅子上的感觉以及自己的呼吸。或者在超市排队的时候，可以关注一下货架上五彩缤纷、炫目闪亮的包装，以及各种正从手推车里拿取商品的顾客，而且还要感受自己的存在。这样做也许不会让你觉得等待的时间变少，实际上效果相反，它会使时间减慢。但是，像这种“活在当下”的做法是一种积极愉快的体验，花费多少时间都无所谓。我们会在下一章中看到，从某种角度来说，活在当下则意味着超越时间。

我们总结一下这部分的内容，不管在什么情况下，如果你想要让时间加快流逝，则应该：

- 在尽可能多的时间处于专注状态，比如工作、看电视、阅读、从事园艺或绘画等可以产生“心流”状态的活动；
- 减少身体和心理上的不适，确保自己不感到焦虑或沮丧；
- 摘下手表，不看时钟，这样就不会注意时间的流逝了。

让时间流动得更慢一些

节假日、外出的周末、不用看孩子的夜晚、和爱人即将分别的前几天、囚犯刑满释放的当天、士兵退役的时候，在这些情境下，我们都希望时间过得越慢越好。要想做到这一点，关键在于心理时间的第二条规律和第四条规律，即“当处于新体验、新环境时，时间会慢下来”，以及“分心状态下，时间会减慢”。

如果你不希望时间过得太快，就应该避免进入专注状态。有时候，在孩子入睡、妻子外出、没有什么工作、可以放松一晚的时候，我会故意不去看电视、光碟或者阅读杂志，因为希望这个晚上过得越长越好。我不想将光碟放入播放机或打开新一期的杂志，然后在时间黑洞里待两个小时，出来后几乎到了睡觉的时间，接着我又要进入下一个时间黑洞，之后第二天早上去上班。我想要好好享受自己的空闲时间，让其持续得尽可能久。所以，我经常会听一段音乐，看一会儿书（通常是非小说类纪实作品），给朋友打电话聊会儿天，或者在花园散会儿步。的确，我还是会花一些时间处于专注状态，尤其是在阅读的时候，但这种专注并不会像我整晚看电视那样强烈。这样一来，我就能够在夜晚体验到更多的时间。到上床睡觉的时候，我感觉自己度过了一个漫长而充实的夜晚，因为我拥有不同的体验。我经常在周日晚上这么做，想要在回归工作之前，好好利用最后一晚的休息时间，使其尽可能延长一些，所以我不会去看电视或杂志。

其他时间段也同样如此，如果你想要周末的外出时间或一周的假期持续得越长越好，那么尽量少花时间处于专注状态。如果你也是这样的人——在外出度假的时候，天天躺在沙滩上埋头看畅销书，或者夜晚在酒店房间里看喜爱的电视节目，那你可真不应该抱怨时间过得太快了。你需要限制自己在沙滩上阅读或看电视的时间，多去乡村散散步，探索不同的城镇以及你所在城镇的街道，多和人们聊聊天，以此来延长自己的假期。

当然，心理时间的第二条规律在这里也很重要。度假的时候，由于我们对环境不熟悉，时间确实会比往常过得更慢一些。但是，大多数人总会去一些不太陌生的地方，这些地方有很多我们熟知的家庭生活方式，从而限制了第二条规律的影响。比如，英国人常会去满是英国人的旅游城市度假，那里大部分当地人都会说英语，餐馆卖的是英国食物，酒吧提供的是英国啤酒。这种熟悉感让人们觉得很舒适，但也会因此觉得悠闲缓慢的一周之后，时间开始加速，假期最后的几天一闪而过。在这种环境中，陌生的事物非常有限，以至于待上几天人们的大脑就会对此变得麻木。如果你真的想拥有一个漫长的假期，你需要去一个完全陌生的环境，在那里人们不会迁就你的文化，不讲你的语言，没有你们国家的食物，建筑和植物也完全不同。你需要将假期当作冒险，而非旅游；你需要去西班牙乡村远足，而非去阳光海岸（Costadel Sol）休假；需要去亚洲，而非欧洲。

你可以利用第二条规律来扩展一个周末或一天的时间。如果你打算周末外出，想要尽可能地使时间延长，那么一定要去一个从未去过的地方，或者做一些全新的事情。在我妻子休产假的时候，我们意识到了这样做的好处。当时我每周只教三天课，也就是说我们一周有四天的假期。一段时间后我们发现，如果这四天只待在家里，时间就会过得很快；但如果我们多一些冒险精神，花几天时间出去走走，拜访一下住在其他城市的亲戚朋友，或是去乡村或海边散散步，我们就会发现时间过得很慢。等到周一我再次回到工作岗位时，总感觉距离上周过了很长一段时间。

然而，大多数情况下，最好是同时将第二条规律和第四条规律结合起来利用。如果一对情侣在假期的最后几天，一直待在家里看电视、玩电脑游戏，这一周就会过得极其快。相反，他们可以拔掉电视和电脑的电源，不去阅读晨报，尽量少花时间处于消遣状态中，以此来延长时间。此外，还可以走出家门，去国外或者只是在陌生的环境中待几天。

此外，还有第三种方法来减慢时间，我们在上一节的末尾也提到过，就是活在当下。鉴于这是本书下一章（也是最后一章）的主题，我们就不在此做深入研究了。

放慢我们一生的时间

仅仅用小时、月或年来衡量时间是不够的，希望本书已经阐明了这一点。人们对时间的体验，对时间的主观感知，也需要囊括在其中。从某种意义上来说，通常我们判断一个人生命长度的方式具有误导性。我们在生活中所体验的时间，并不仅仅取决于日历上的时间长短。在我看来，这主要取决于我们对时间流逝的感知，进而取决于我们的生活方式和生活中的意识状态。就心理时间而言，一个 30 岁去世的人很有可能比一个 80 岁去世的人活得更久。

事实上，由于生活方式的原因，我相信大多数人在生活中实际体验的时间，远比可能体验的时间要少。在心理时间的五条规律中，我们一直受制于第一条规律（“时间随着年龄的增长而加快”）和第三条规律（“专注状态下，时间会加快”）。我们很少感受第二条规律（关于新体验）和第五规律（关于自我意识休眠）。换句话说，使时间快速流逝的规律常常对我们产生影响，而使时间缓慢流逝的规律却很少产生影响。的确，我们也常常受制于第四条规律，即处于分心状态，但却很少去体验这种状态。我们中的大多数人都在熟悉的环境中度过一生，经历熟悉的体验。这意味着，在脱敏机制的作用下，我们在生活中处理的知觉信息的数量会逐渐减少。而且，由于分心状态会令人感到不悦，因此我们会尽可能地多花时间处于专注状态，这样就会缩减时间。

将心理时间规律及规律背后的原理应用于我们的整个生活，以此来扩展我们的时间体验，并非难事。除了健康饮食和锻炼之外，这也是延长我们寿命的一种选择（或辅助手段）。

从理论上讲，尽量少花时间处于专注或消遣状态，可以使生命中的时间延长。你甚至可以有意识地去做一些无聊的事情，虽然这会造成心理上的不适。拉里·多西（Larry Dossey）在《时空和医学》（*Space, Time and Medicine*）一书中，讲述了一位医生同事的故事。那位医生同事发现，很多病人在被诊断出癌症之后都开始尝试钓鱼。他认为病人这么做是为了扩展自己感知到的时间，“如果你坐在船上什么也不干，就等着鱼儿上钩，时间会过得很慢。我想不出有什么更好的办法来延长时间了。对于那些快要死亡、时日不多的人来说，钓鱼是一种绝佳的消遣”。然而，这位医生的推理可能存在一点错误：钓鱼确实具有延长时间的效果，但原因并非像他所说的是因为钓鱼很无聊，而是因为人们能够将注意力完全集中在当下。可医生说的原理仍然正确：如果你想要体验更多的时间，可以把具有刺激性的工作换成无聊的工作；可以选择不开车，这样就能花更多时间来等公交车或火车；还可以抛弃电视或图书，这样晚上就能漫不经心地在公寓周围闲逛了。

可实际上，这些做法都不可行。如果生活如此悲惨，时间再怎么延长也显然毫无意义；而且，烦闷无聊会带来心理不适，我们无论如何也无法长期忍受这些情况。我们需要集中注意力，来躲避心理上的不满与厌烦；正因如此，如果我们无法真正改变自己，就很难减少处于专注状态的时间。

但这是一个程度上的问题，我们仍然可以通过避免处于专注状态，进而在有限的范围内延长自己的人生。这意味着我们不能有意识地去消磨时间，比如做多余的工作、看电视、玩电脑游戏等。也就是说，我们要习惯将注意力从身边的外在事物身上移除，要习惯活在当下，要专注于周围环境以及自己所做的事情上。或者从更低的层次来说，我们可以选择较温和的方式来分散注意力，这种方式不至于让我们变得毫无生气，也不会使时间完全消失。比如，我们可以用读书来代替看电视，用下棋或踢足球来代替打游戏机。

然而，想要通过改变生活方式来体验更多时间，还有一种更加有效的方式，就是我们要好好利用心理时间第二条规律（“当处于新体验、新环境时，时间会慢下来”）。

寿命长而人生短

让我们以一个享年 75 岁的“普通”人为例。假设他在一个城镇度过了整整 75 年，只有在假期的时候偶尔离开。他在 14 岁的时候离开学校，成为一名管道学徒工，从此一直以此为生，中间或许也换过两三家公司。他在 25 岁时和家附近的一个女孩结了婚，育有两个孩子。婚后的前 10 年，他们住在一栋小排屋里，之后搬到了一英里以外一个较大的半独立房屋，在那里定居了一辈子。年轻的时候，这个男人长时间地工作，没有多少空闲时间；但一有空的时候，他喜欢听听收音机，陪孩子玩耍，或在周末的时候和朋友去酒吧喝酒。后来，孩子离开家了，他有更多的时间可以支配；大多数情况下，他会看电视、修补房屋或在花园里闲逛。一直到 65 岁退休，他的生活都主要是工作、睡觉和看电视。之后，他每天花更多的时间来做园艺、看电机、修补房屋以及帮助妻子做家务，直到 10 年后去世。

当然，就是在这种生活方式中，时间快得吓人。到 50 岁的时候，这个男人可能会觉得一年比一年过得快，他都数不过来了。他一生都住在同一个环境、同一个房子、同一个地方。他的生活都是重复的经历，每天、每周、每年一遍又一遍重复着同样的事情。他很少接触陌生的环境，或体验新鲜的经历；因此，他的意识只吸收了一小部分知觉信息，这些信息每年还会不断减少。此外，他一生中大部分时间都处于专注状态，包括听收音机或看电视等被动专注状态，以及工作、修补房屋或做其他实际任务时的主动专注状态。这些事情也从他的生活中夺走了大量时间。

换言之，这个人在他的一生中，很少体验心理时间的第二条规律（体验新事物），但却一直受制于第一条规律（“时间随着年龄的增长而加快”）以及第三条规律（处于专注状态）。因此，我们可以说，尽管他在地球表面绕太阳轨道运行了 75 年，但就心理时间而言，他的人生实际上相当短暂。

寿命短而人生长

我们可以将上文中提到的那个人的一生和我妻子的朋友安德莉亚的一生进行比较，安德莉亚在几年前去世，享年 31 岁。

我妻子和安德莉亚是发小。她们住在同一条街上，上学的时候一直是最好的朋友。但从 18 岁到 28 岁，我的妻子帕姆几乎就没见过她，因为安德莉亚总是外出。她离开家去上大学，但一年后就辍学和男朋友去旅游了，并打算一直待在外面。他们去了希腊，安德莉亚开始在酒吧工作，后来又在一艘豪华游艇上当肚皮舞女郎和服务员。不久之后，她和男朋友分手了，但还继续旅游。她相当自信，天生就会快速结交朋友，还总是和新朋友一起去尝试新的冒险。她在印度的一个修行处住了两年，后来移居香港，又开始在酒吧工作。之后去了日本教英语，然后回到印度旅行了几个月，又去了泰国……

1996 年，安德莉亚开始在西班牙的一个宗教公社居住。在那里，一切并不顺利，或许她最终厌倦了这种居无定所、漂泊不定的生活方式。1997 年，她回到英国，告诉家人和朋友打算从此定居下来。她决定重新开始学习，做了几个月的临时工并和朋友生活了一段时间之后，她回到了大学。令人惊奇的是，这次她克制住了自己不安分的性格，完成了三年的课程。

但是，当时她所决定的定居生活，并不是真的定居。做了一小段时间的英语外教（教授非英语母语学生学习英语）之后，她申请出国工作，获得了去韩国工作的机会。她订好了机票，在出发前的周六举办了告别会，一切都准备就绪。但就在飞机起飞的前一天，她突然失去意识，骑自行车时摔了下来，导致脑部出血，救护车赶到时她已经去世了。

当然，这是一个令人很难接受的悲剧。但从某些方面来说，和上文那个年老而终的人比起来，安德莉亚的生死并没有那么悲剧，因为虽然安德莉亚的寿命短暂，但她体验的时间可能更长。

安德莉亚的生活充满了新鲜感与陌生感。她不断地让自己接触新环境和新事物。她极其不安分，一旦习惯了某种状态或环境，就不得不从中抽离出来，进入新环境里。因此，她的脱敏机制从来没有机会发挥作用，也没能减少她所处理的知觉信息数量。在 10 年的旅行中，她可能时时刻刻都“清醒地”经历着这个世界的原始体验，所以时间对她来说过得极其缓慢。

从她的生活方式也能看出，她很少有时间处于专注状态或消遣状态（至少和大多数人相比是这样的）。正如之前所看到的那样，我们必须花些时间处于专注状态，如果不这样做就会很无聊，感觉精神思想很混乱。但当你体验新事物、置身新环境时，你从来不会觉得无聊。你会被新鲜事物深深吸引（或者至少感兴趣），所以不需要分散注意力。你活在当下，活在世界中；你无须在专注状态和无聊状态之间来回变换，而是处于“第三种”存在状态。

置身于陌生环境

尽量使自己处于陌生环境，是减慢时间的一种方式。这句话实际上是在说，每当你的脱敏机制使你开始熟悉所在的环境时，你都要寻找新的环境（或体验新的事物）。就像哲学家让-马利·居友说的那样：“如果你想延长感知到的时间，就要在有机会的时候，用若干件新鲜事物去充实它。踏上一段激动人心的旅程，给周围的世界注入新生命，使自己焕发活力。”

有三种不同的方式可以让你拥有这样的生活。第一种是安德莉亚选择的生活方式——不停地旅行，从来不定居，一旦脱敏机制开始发挥作用就从中脱离，就将自己置于一个全新的生活状态，寻找新的工作，体验新的环境，接触新的人。

法国诗人、旅行家阿尔蒂尔·兰波（Arthur Rimbaud）就是一个很极端的例子。他生活在 19 世纪中后期，当时人们很少远离自己出生的村庄，连几英里以外的地方都没去过，所以兰波的生活方式尤其引人注目。就像兰波的朋友及爱人魏尔伦（Verlaine）所写的那样，从 16 岁开始，兰波就好像“羁风之人”一般，很难在同一个环境里生活超过几个月。他觉得家乡沙勒维尔极其压抑，自己正在“被沉闷、单调、污浊的生活所包围，然后慢慢消失死去”。十几岁的时候，他曾逃跑过几次，后来终于在 19 岁时永远离开了家乡。他去伦敦当了老师，又去斯图加特学习了德语；后来从斯图加特去了意大利，成为码头工人。接着兰波回到巴黎，应征加入了荷兰军队，随军航行去了巽他群岛。可船一驶入港口，他就逃到了苏门答腊岛和爪哇岛。他从那里回到了塞浦路斯，成了一个采石工人；然后去非洲待了几年。在非洲，他变身为一名商人并走私军火，还成了绍阿王国国王（the King of Shoa）的密友。兰波是第一个进入埃塞俄比亚部分地区的欧洲人，获得了探险家的名声。但是，当法国地理学会联系他询问旅行细节时，他并没有费心回答。同时，当得知自己的诗在法国出版，并且自己以“迷失的诗人”这一称号出名后，他也一样漠不关心。

兰波在 37 岁时死于癌症，但他的成年生活充满了新鲜的体验与认知，他比大多数活到八九十岁的人拥有更长的人生。

可这种生活方式存在一个根本问题，兰波自己也遇到过，那就是它与人类最基本的需求相冲突，比如对地盘安全的需求、对伴侣的需求、对稳定的社交圈的需求等。在生活中不断旅行则意味着，这些需求即便可以达成，也很难得到满足。这有点像是一个人直接跳到亚伯拉罕·马斯洛（Abraham Maslow）需求层次的顶端，试图满足“自我实现”的最高需求，而不首先解决较低层次的需求（比如生理、安全、爱与归属、尊重等）。因此，终身的旅行者可能会拥有一种不满足且不完整的感觉，并备受折磨。事实上，这就是大多数旅行者最终梦想幻灭、渴望安定下来的原因；虽然真正安定下来后，他们往往又会对旅行心生向往。

第二种是比较温和的选择，即拥有稳定的生活状态，并以此为基础，尝试一些陌生环境的旅行。这意味着，你在自己儿时生活的镇上有一套房子，身边拥有朋友、家人、甚至伴侣，还拥有一份可以让你接触新鲜事物的工作。比如你是一名合同工，可以到不同的国家工作几周或几个月，每次出差之后还能在家待几周；或者你可以花半年的时间工作，半年的时间旅游。这样，你仍然能够让自己接触到许多陌生的环境，从而在不牺牲人类基本需求的条件下，度过漫长的人生。

作家布鲁斯·查特文（Bruce Chatwin）选择的就是这种生活方式。他经常将自己与兰波联系起来，和兰波做比较，甚至将自己的一本书命名为《我在这里做什么》（*What am I Doing Here?*），这是兰波信件中非常著名的一句话。但是他们之间有一个根本的区别就是，兰波在流浪中完全居无定所，而查特文是定期离开居住地去旅行。就像查特文自己所说的那样："其实，没有人可以毫无根基地四处流浪，你必须拥有一个属于自己的魔法圈，它不一定非得是你出生或成长的地方，而是一个你认同的地方，你常常会回去的地方。"

毕业后，查特文在苏富比（Sotheby）找了份工作。由于这份工作，他只需要时不时地飞到不同的国家去鉴定古董，因此可以利用悠长的暑假去亚洲和非洲旅行，这在一定程度上满足了他的旅游癖。但他并不是那种会坚守一份工作的人，所以在 26 岁的时候就辞职了。他去爱丁堡大学学习了人类学，可他一点也坐不住，没有完成三年的课程。他去阿富汗和西非进行了长途旅行，之后为《星期日泰晤士报》(*Sunday Times*)期刊担任艺术顾问。可即便如此，他还是觉得太受约束了。两年后，他给报社发了一份电报，上面写着："要去巴塔哥尼亚旅行六个月。"由于此次旅行，他完成了《巴塔哥尼亚高原上》(*In Patagonia*)这本书；自此以后，他开启了职业作家的生涯，可以完全自由地旅游。他把自己当作一名游牧民，总是四处奔波，他的朋友从来都不知道他去了哪里。即使是在写书的时候，他也无法长时间待在同一间房子里，而是会到朋友的小别墅或旅馆来回地住。但他总是会回到位于牛津的家，回到妻子和朋友身边，不过他一回家之后，就开始策划下一次的"逃跑计划"了。就像他的传记作者尼古拉斯·莎士比亚(Nicholas Shakespeare)所写的那样："他还没在一个地方待多久，'定居的不适感'就悄悄爬上了他的心头；哪怕是他最喜欢的地方，也会令他感到厌烦。"

查特文在48岁的时候死于艾滋病；但和兰波一样，从心理时间的角度来看，他的人生很漫长。

选择这种生活方式也不太现实，因为我们大多数人的工作限制了这种自由。但是，即便处于不变的生活状态，或居住在相同的生活环境中，我们还是可以让自己在某种程度上接触陌生事物。这就是第三种，也是延长人生最温和的一种方法。这个方法的重点不是你居住的环境，而是你在这个环境中的体验。比如，你可以时常更换工作，或者转到同一公司的不同职位，以此使自己在工作中接触陌生事物。你可以培养一些新的兴趣，获取新的知识信息，掌握新的技能，认识新的朋友，从而使自己在休闲时间接触陌生事物。当然，你同样可以利用周末和假期使自己置身于不熟悉的环境中。重点是要尽量避免重复和俗套，要不断寻找新的体验，而非重复旧的经历。以这种方式生活，你不会像兰波、安德莉亚或布鲁斯·查特文一样感觉时间极度扩展，但肯定会发现生活比以往要漫长。

让-马利·居友就过着这样的生活，我之前也提到过他。这位法国哲学家在 1888 年死于肺结核，享年 34 岁，他成年后大部分时间都生活在普罗旺斯。尽管居友很少通过旅行使自己接触陌生环境，但他却有着不可思议的求知欲。他撰写了 10 本书以及大量文章，涉及哲学、心理学、社会学、宗教和美学等众多学科。他对新知识和新信息有着不变的渴求，会不断涌现新思想，也许这让他的时间得以延长，也就是说他的人生要长于短暂的寿命。就像心理学史学家杜威·德拉埃斯马（Douwe Draaisma）所说：

> 人们可能会说，他通过更新自己的内心世界延长了人生。他在哲学和心理学这些最具有歧义的学科上，完成了短促而迷人的旅行，这些旅行一定会像真正的旅行一样，具有开拓思维的影响。

通过接触陌生环境来减慢时间，真的有效吗

最后，我们总结一下这部分的内容，无论你想在短时间内还是整个人生当中，让时间过得慢些，你应该：

- 避免处于专注状态；
- 通过新体验和新环境，使自己尽量多地接触陌生事物。

然而，对于上述选择方式中的任意一种来说，试图通过接触陌生环境来减慢时间都存在一个主要问题，就是你实际上只是在逃避问题，而没有真正解决问题，就好像在躲避警察的犯人一样。这只会让你比脱敏机制领先一步做出选择，但却不能解决根本问题——最终，这种做法也会带来一种徒劳感，一种漫无目的地从某个地方被推至另一个地方的无助感。你会说，不管怎么样，脱敏机制一定会在某一时刻追赶上我们。毕竟世界的范围有限，我们不可能永远在不同的国家和文化中旅行。最终，陌生环境中的陌生事物也会变得熟悉，进而和在家里的生活状态一样，我们会对其感到厌烦。实际上，这正是兰波在流浪生活结束时所面临的问题，他从非洲写信给家人说："我在这里做什么？"

> 如果几年后的某天，我不能在一个自己或多或少喜欢的地方定居、组建家庭，那么所有这些来来回回的旅行，这些在陌生民族中做出的努力与冒险，这些充斥在脑海里稀奇古怪的语言，这些难以言喻的严酷考验，又有什么用呢？

然而幸运的是，还有另外一种更加内在的方法来解决这个问题——我们可以通过改变自己，而不仅仅是改变生活中的行为和环境，来扩展甚至超越时间。

第 10 章

我们如何让时间延伸和超越时间

如果我们明白，时间随着年龄增长而加快的原因在于脱敏机制，那么想要永久延长时间感的一种方法，当然是使这个机制停止发挥作用；或者更严格地说，消除其发挥作用的必要条件。同样，我们平时所体验到的时间飞逝感和线性时间感，都是自我意识的产物。因此，延长时间感的另一种方法则是超越自我意识，弱化强烈的分离感，因为它使我们脱离了其他现实状况，并且制造了时间的错觉。

正如我们在第 6 章末尾所指出的那样，从某种意义上说，这与传统土著民族的存在状态类似，我们会像他们一样对现象世界拥有高度的感知，像他们一样拥有不那么显著、不那么个性化的自我。此外，正如我在第 7 章总结的那样，这也相当于永久地生活在高层次意识状态中，因为此状态的特点就是强化感知能力以及超越自我分离感（感觉与宇宙合为了一体）。

想要以这种方式来改变自己似乎有点遥不可及，但实际上相当简单。至少它的原理非常直接明了，不过要把这些原理付诸实践确实需要大量自我训练与努力。

冥想

要想扩展并超越自己的时间感，我们能做的最重要的一件事就是经常冥想。

冥想对大家来说似乎是出于本性的，至少在世界不同地方，都分别出现了冥想这种修行方式。欧亚大陆上的每一个文化群体都发展了各自的冥想形式。在古印度，冥想练习是吠檀多、佛教、耆那教以及瑜伽等哲学派别中精神修炼的一个必要部分；而在中国，“坐忘”或者“放空大脑地打坐”这种修炼方式，在公元前 1000 年后半期就开始流行了；在伊斯兰教和犹太教中，苏菲派和卡巴拉教都在精神传统上形成了冥想练习；而在东正教中，耶稣祷文（“主耶稣基督、上帝之子、怜悯我罪人”）显然也是一种冥想练习。某些现代基督教徒对冥想持反对态度，他们认为静神在某种程度上等于对魔鬼“敞开大门”，可即便如此，冥想在西方基督教中，尤其是在修士的传统修行中，也占据了很长的历史。比如，在 14 世纪的基督教文献《未知之云》（*The Cloud of Unknowing*，此书由一名 14 世纪生活在英格兰中部的不知名人士所撰写）中，作者推荐了一种祷语冥想，和圣依纳爵（St Ignatius）著名的灵性操练一样。

冥想的技巧也许有成千上万种，各不相同，但它们都遵循同一基本原理。冥想的目的在于静神，使脑中不断游走的嘈杂思绪慢下来，最终消失。我们就能体验到一种精神上的平静，或纯粹的意识状态。冥想时，需要通过集中精力来做到这一点，也就是努力使注意力集中到某个物体或图像上。针对不同的冥想技巧，建议使用不同的物体来集中注意力，如祷语、呼吸、自我意识中的某一点、心智图像、烛焰等真实物体，或者曼荼罗等神圣象征。通过这种方式集中注意力能使我们精神平静。平时我们越关注自己的思绪，就越觉得紊乱，倘若我们沉浸其中，大脑就会不断地从一个联想转到另一个联想。但是，如果我们将注意力集中在另一个物体上，思绪就会像燃料耗尽的火焰一样渐渐消失。有些冥想练习需要我们在精神变得平静时，远离集中注意力的物体，这样我们才能毫无阻碍地体验精神上的宁静与平和。

冥想这种简单的练习，在各个层面上都非常有效。研究表明，冥想可以给身体带来一系列好处：可以降低心率和血压，并且已经成功用于治疗高血压和心脑血管疾病；还能刺激免疫系统、减轻慢性疼痛、帮助缓解哮喘，甚至帮助癌症病人康复。倘若某种药物具有这些疗效，很快就会被称为灵丹妙药，然后成为家家必备药了。但最重要的是，冥想还对心理有着巨大的好处。许多研究表明，定期冥想可以减少焦虑和压力，帮助人们克服失眠、抑郁、酗酒和吸毒。比较笼统地说，人们发现冥想练习可以促进心理健康，提高幸福感。2003 年，加利福尼亚大学的保罗·艾克曼（Paul Ekman）的一项研究表明，对于长期进行佛教冥想的人来说，其杏仁核（即大脑中与恐惧和焦虑有关的部分）活动较少。艾克曼发现，冥想者与其他人相比，不太容易困惑、震惊及愤怒，这意味着他们明显更加平静、知足。同样是 2003 年，在威斯康星大学的一项研究中，被试接受了一个为期八周的正念冥想训练课程，每天练习一小时。训练结束后，他们接受了脑部扫描，结果显示：与对照组相比，他们大脑前额叶左侧的活动明显增多（该区域与降低焦虑、增强积极情绪状态有关）。有趣的是，该研究还发现：与对照组相比，冥想者的免疫系统更强。八周结束后，对照组和实验组的被试均注射了流感疫苗；几周之后进行测试发现，冥想者的反应更好，产生的抗体更多。同样，冥想的益处远比百忧解、安定或其他改善情绪的药物带来的益处多得多，所以大多医生如今都向患者推荐冥想疗法也就不足为奇了。

但对本书的读者来说，最重要的一点是，冥想能够可靠地诱导出较低等级的高层次意识状态，就像我在第 7 章提到的那样。一次深度冥想，比如静坐 20 分钟以上，将注意力集中在某句祷语或自己的呼吸上，直到大脑相对放空，精神变得平静；这种深度冥想总会带来高强度的感知能力，弱化自我意识结构，从而延长时间感。这种练习会在你体内生成一股强化的能量，冥想完成之后能量依然会存留。这意味着，脱敏机制无须再通过阻断我们对现实世界的关注，来保存能量了。相反，我们拥有能量来感知一切，我们可以像孩童一样感受周围世界的存在。此外，由于自我意识需要嘈杂的思绪来维持，所以当我们冥想静神时，自我意识就会被弱化，甚至有可能完全消失。

冥想不仅仅可以扩展我们的时间感，还能够完全超越时间。如果在冥想过程中或冥想之后，你的精神非常平静且处于放空状态，你的注意力完全集中在当下，那么在某种意义上，线性时间对你来说已经不复存在。过去与未来也会消失，只有永恒不变的现在。我之前说过，我们的线性时间感是思维的产物，因为大部分嘈杂的思绪都围绕着过去和未来展开。所以当思维停止，而且在当前那一刻我们仍然具有完整的意识时，时间实际上就会消失。自我意识结构暂时不复存在，时间也同样如此。

这些都是冥想的暂时效果，但冥想也能长期发挥作用。随着时间的推移，冥想练习会使自我意识平静下来。在正常状态下，自我意识会主动地狂乱游走，用源源不断的思绪填补我们的大脑，而我们并不想要去考虑这些想法；但是定期冥想可以控制自我意识，使更为平静的自我意识成为常态。通常，我们在思考时释放的精神能量是守恒的，因此内在的能量就要一直保持高度集中，以便我们可以随时意识到世界的存在。所以，与正常的脱敏状态相比，我们会处理更多的知觉信息，时间也会减慢。

定期冥想的另一种长期效应是，当我们的精神变得平静，不再受嘈杂思绪所影响时，自我意识结构会被弱化，也没有那么清晰明确了。它不会再占据我们精神空间的主导地位，它所产生的分离感也会慢慢消失。不论是在脑海中，还是在与他人和世界的二元关系中，我们都不会再处于可怕的自我隔离状态。隔离的墙壁开始消失，我们感觉与世界交融。再者，正常的时间感是自我意识的产物，所以自我意识结构被弱化后，人们会感觉时间被永久地延长，会拥有更强的能力活在当下，从而超越线性时间。

除了这些巨大的好处之外，冥想还是一种有力的工具，可以改变我们的精神，超越我们平时的混乱状态。但是和你想的一样，这些好处来之不易。冥想的技巧虽然很简单，但实际的练习却非常复杂。大多数老师会建议每天进行两次冥想，每次 20 分钟到半个小时，最好是安静地盘腿坐在地板上（有些老师认为挺直坐在椅子上就够了，但是不可以躺着，因为会睡着）。有些人能立即体验到冥想的好处，但有些人则会感受到嘈杂思绪的干扰，而且难以使其停下来。后者也许会立刻觉得冥想不适合他们，但要记住，冥想是一个循序渐进的过程，意识到这一点很重要。你可能要花费几个月的时间使嘈杂的思绪消停下来，然后体验到真正的精神平静。十多年来，我（几乎）每天都进行冥想，但我还是惊奇地发现自己的大脑很混乱，仍然很难使游走的思绪慢下来。我喜欢冥想至少半个小时以上，因为通常还要花费 10 分钟来驱散精神迷惘，从而感受内心的平静（但这一般取决于我的生活状态；如果我比较放松，不是很忙，也没有什么压力，冥想会进行得容易一些）。

关键在于冥想需要努力与训练，不适合浅尝辄止或意志薄弱的人。但是，如果你打算坚持尝试，最终总会产生积极的影响；而且练习的时间越长，影响越大。定期冥想大概持续几年之后，你便可以让自我意识一直保持平静，使精神能量一直保持高水平，从而体验到永久的时间扩展。

在此我需要重申一点，与服用成瘾性药物或精神分裂症所带来的神秘感知力和时间延长感不同的是，冥想所带来的高层次意识状态没有任何副作用。正如我们之前所看到的，研究表明，长期冥想可以减少健康问题，缓解焦虑与烦恼，增加幸福感，使人拥有更强的专注力，不受愤怒和痛苦等负面情绪的干扰，更加富有爱心和同情心。而且重点是，自我意识没有受到摧毁，只是平静下来而已，它仍然存在，并且发挥着必要的组织和整合作用；不过自我意识结构不再那么强大，也不再混乱和分离。

正念

除了冥想，第二种我们可以扩展和超越时间的主要内在方式是，进行佛教的正念练习。我们之前已经谈到过几次正念，正念是指将注意力完全集中在当下，集中在周围环境和自身体验上，并且充分感受那一刻、那一环境中的自己。冥想会激发出一种自然的正念状态，既包括暂时性的，也包括长久的；可以使我们的精神不受嘈杂思绪的干扰，进而使我们自发地将全部注意力集中在周围环境和自身体验上。但是，人们也有可能仅仅通过下意识地努力，只需铭记自己要活在当下，就能达到正念状态。

乔·卡巴-金在《恢复理智》（*Coming to Our Senses*）一书中，认可了正念这种方法。他探讨了计算机科学家雷·库兹韦尔（Ray Kurzweil）的理论，即时间随着年龄的增长而加快，是因为生活中值得注意的事情在不断减少（我在第 2 章的注释中简要介绍过）；然后提出了一种减慢时间的方法，也就是尽量多用新奇并且具有“里程碑”式的体验来充实你的生活。换句话说，你应该按照我在上一章中所说的去做：尽量使自己处于陌生的环境。然而乔·卡巴-金认为，更好的方法不是去改变你的生活方式，而是改变你感知世界的方式。你无须为了“引人注目”的事情而追逐冒险，你可以单纯地通过集中注意力来使普通的体验变得引人注目。正如他这样写道：

> 再渺小的瞬间也能成为真正意义上里程碑式的事件。倘若随着时间的展开，你的确与每一刻同在，不管发生什么，你都会发现每一瞬间都很独特、新奇，而且意义重大。你感觉时间过得很慢，甚至发现自己完全脱离了主观的时间流逝感，就好像当下那一刹那打开了永恒之门。

换言之，我们之所以可以通过这种保持正念状态的方式来扩展时间，是因为我们会处理更多的知觉信息，就像置身于陌生环境一样。平时由于我们的大脑充满了嘈杂思绪，我们会忽略知觉信息，而现在这些信息全部都会被吸收。当接触不熟悉或不寻常的事物时，我们也会激发自己进入正念状态。但实际上，我们并不需要真的去体验新鲜事物。如果我们努力让自己保持正念状态，所有的体验都会变得新鲜。

正念最大的一个优点是，我们可以在任何时间进行练习，不必专门留出半个小时，也不必非得确保自己处于安静的环境中。洗澡、刷牙、泡茶、洗碗，甚至是步行去商店，每天的日常活动都可以成为练习正念的时机。在我的课上，我通常会建议大家选择两种日常活动来进行正念练习。比如，每天早上洗澡的时候，不要让你的大脑去胡乱地思考当天要做的事情或者昨晚做过的事情；反之，试着将注意力放在此时此刻，真正地去感受水花飞溅并流经你身体的感觉，去留意身体的温度和清洁度。

或者，你可以选择晚上从地铁站步行回家的时候练习正念。不要总是想着工作中需要解决的问题，也不要幻想地铁上坐在你对面的那个女孩；而是要将注意力集中在外界环境中，望一望天空，看看路过的房屋和建筑，还要留意漫步在其中的自己。重点是要停止思考，多去感受；要生活在此时此刻的体验中，而非彼时彼刻的思考里。

我常常让我的学生从一套卡片中抽取正念练习的内容。这些卡片按照感官进行分类，上面还写着这样的指示：

> 视觉：观察你的手，注意手掌上不同的线条、纹理和阴影；
>
> 味觉：细细品尝一块糖果，注意不同的口味以及口腔的感觉；
>
> 触觉：到外面的花园走走，仔细感受树木、植物和墙壁；
>
> 嗅觉：到外面的花园走走，轻轻地、仔细地闻一下树木和植物的气味。

有的时候我还会带一袋橘子或糖果，或者给每人倒一杯水，让他们尽可能细致缓慢地品尝或饮用。通常，我会让学生们花五分钟来做这些事情，每一次他们都会惊奇地告诉我，自己的感官变得又丰富又微妙，进而可以观察到各种细节，体会到各种感受。我一般不会让他们去猜测过了多长时间，但真当我这么做的时候，大多数人猜测的时间都会偏长，这意味着时间对他们来说过得很慢。

学生们还常常告诉我，练习过后他们感到非常平静安详，精神上很警觉，但同时又很放松，这便是正念练习最不同寻常的一点——它可以使任何活动变得有趣。我以前讨厌洗碗，总是竭尽全力地来逃避，但有一次当我决定利用洗碗来练习正念时，我的心态完全发生了改变。我开始默默地洗碗，没有听着收音机或音乐，也没有任何思考，而是将注意力集中到了所见所感的物体上，去感受流淌过双手的热水，触碰四溅的水花，观察池中的泡沫以及泡沫反射出的光芒。我丝毫没有仓促了事，而是小心缓慢地清洗每一样餐具，轻轻地将它们放在沥水板上。令人惊奇的是，我发现自己现在非常喜欢洗碗，它给予了我内在的平静。从此之后，我再也没有将洗碗当作一件家务琐事，而是把它视为一种消遣，一段可以放慢脚步、专注当下的时光。

和乔·卡巴-金所说的冥想一样，正念不仅仅可以扩展时间，还可以让我们完全从时间中“脱离出来”。从某一层面来讲，处于正念状态时，我们超越了线性时间，因为我们的思想不再创造过去和未来，除了当下一切都不复存在。时间不再由一个个时刻组成，就像不断变化的河流一样，这一时刻消失，下一时刻又出现；时间成了一个静止不变却又始终存在的当下。从更深的一个层面来说，我们能够超越时间，是因为自我意识完全瓦解，使我们处于一种纯粹的、绝对的意识状态，在这种状态中根本没有时间的存在。

放慢脚步

在很大程度上，进入正念状态意味着一切都要慢慢来。匆匆忙忙地做事情是进不了正念状态的，因为你的注意力没有集中到当下，而是关注着你所奔向的未来。当你赶时间的时候，你赶掉的其实正是当下的时间。也许当下很痛苦，也许未来似乎更有趣，总之你不愿意面对现在，所以远离当下、奔向未来。然而，当你真正触及未来时，未来也很枯燥无味、令人痛苦，你同样无法接受。所以你又匆匆掠过，继续关注未来，这样就永远不会活在当下了。可我们的生活只包含当下，因此从某种意义上说，你从未真正地生活过。

现代社会给我们施加了很大的压力，要求我们加快速度。几百年来，我们的文化一直在不断地与时间抗争，试图削减做每件事所花费的时间，比如从一个地方到另一个地方旅行、发送信息、生产商品、做饭、打扫、洗衣服、盖房子等。从某些方面来说，省时对我们有所帮助，例如，洗衣机和吸尘器等省时发明无疑帮助妇女摆脱了繁重的家务琐事，给予她们更多的时间来学习、工作。然而近年来，这种加速时间的趋势已经失控，给我们的生活带来了巨大压力。我们迫切地希望快点煮熟食物，却根本无法从烹饪这一创造性过程中获取任何乐趣。我们迫切地希望快点吃饱，以至于没有时间享受食物。我们迫切地希望快点过完一生，甚至忘记了怎么生活。一项研究表明，在 20 世纪 60 年代，74% 的美国人有时或总是觉得生活匆忙；但到了 1995 年，这一比例达到了 87%。

为了抵抗这种压力，“慢生活”（the Slow Movement）开始在全球范围内兴起。这一生活方式源于慢食运动，慢食运动在 20 世纪 90 年代初期首次进入公众视野，当时这一运动是为了抗议麦当劳在罗马开业。现在，该运动已发展至100多个国家，有大约83 000名会员；他们试图说服人们吃当地种植的有机食物，最重要的是，劝诫人们慢慢烹饪（从而享受烹饪这一创造性过程）、慢慢品尝（充分享用美食）。慢食运动也引发了其他运动，包括慢旅行、慢工作、慢教育、慢读书、慢城市生活等。比如，慢旅行通常是指租间小屋或农舍，在某个地方住一段日子，花些时间徒步或骑车游览当地的风景，从而避免疯狂的假日旅游。慢教育是指摆脱常规学校以目标为导向的教学，以一种更低要求、更全面、更具创造性的方式教育孩子。

这些运动（关于“慢生活”的大多运动）的主要目的在于，鼓励人们享受生活中的每个活动，而非速战速决。“慢生活”还鼓励人们不再佩戴手表，将不必要的琐事和举止从生活中剔除，然后培养一些“慢兴趣”，比如瑜伽、园艺或编织。换句话说，这一运动主要是让人们以正念的状态生活，将注意力从未来转移到现在。

讽刺的是，据说人们快速地完成一件事纯粹是为了节约时间，但在某种程度上，缓慢地做事能让我们拥有更多的时间。慢慢地打扫房间或准备一顿正餐，完全不是在浪费时间；如果我们是以正念的状态在做这些事情，完全地活在当下，我们实际上是创造了更多的时间。

活在当下

如果你能够定期冥想或者尝试以正念的状态生活，你很快就会以另一种方式为生活创造更多时间。就像我之前提到的那样，大多数人都在专注状态和无聊状态之间来回切换。实际上，我们把大部分时间都花费在了专注状态上——白天专注于工作，休闲时依靠娱乐活动来分散注意力。我们并没有太多选择，因为分心状态（或无聊状态）令人难以忍受，这点之前就说过。

冥想和正念的作用之一就是，让我们尽可能地以第三种状态生活。我们都知道分心状态极其令人厌恶，部分原因在于我们不得不去面对嘈杂思绪（通常是消极的）所造成的精神错乱，还因为我们高度发展的自我意识会带来基本的分离感和孤独感。但冥想可以治愈我们，使不断游走的嘈杂思绪慢下来，然后逐渐消失，以便我们最终可以在真正想要思考的时候，启动我们精神的思维机制，而非总是不由自主地思考。与此同时，当自我意识的界限变得模糊，我们便不再觉得自己被束缚在脑袋里，而现实世界却在大脑之外，这种可怕的分离感会消失。

这意味着，我们无须再用分散注意力的方式来打发空闲时间了。我们的内心不再混乱，也不必被迫在外界事物上浪费太多时间。平常，我们就像一个青少年，由于父母经常吵架、家庭氛围差，而将所有的时间花费在外界事物上。但冥想和正念可以改变这种氛围，驱散房间里的不和谐，使我们重新获得舒适感。也就是说，我们能够重新活在自己的内心里，活在当前这一时刻和这一世界里。我们要有意识地让自己活在当下，一段时间之后，就会自然而然地进入正念状态，无须在当下的时刻分散注意力。我们可以单纯地坐在房间里，不看电视，也不读书；排队时不会感到厌烦；做单调的工作时也不会感到无聊或沮丧。我们无须消磨时间，因此我们处于被动专注状态的时间会变少，进而体验生活的时间就会变多（虽然将注意力放在自己感兴趣的事物时，我们还是会时不时处于专注状态）。

超越线性时间

一旦我们达到这一点，开始以正念的状态生活，线性时间对我们来说就不复存在。这一过程必然发生，因为我们知道线性时间感是嘈杂思绪的产物，而在第三种存在状态中根本没有或很少有嘈杂思绪出现。因此，未来和过去变得不再那么重要；我们仍然可以感知它们，仍然可以按照自己的意愿回忆过往的经历、计划或思考未来，但不再受它们的支配。我们明白，过去和未来只是一个抽象的概念，实际上只存在一种时态——现在。我们仍然能意识到最后期限和未来计划，但不会再有压力。我们不再觉得时间在一点点远离我们，因为实际上根本不存在时间，只有现在。

我们还能从线性时间的破坏力中解脱出来，不会再觉得万事万物皆短暂无常，也不会再有时间这个“破坏者”不断蚕食我们的生活。很多浪漫主义诗人在思考时间时，会将自己一步步逼近死亡，觉得美丽和幸福只是过眼云烟，因此会感到焦虑和绝望。法国诗人波德莱尔（Baudelaire）曾抱怨：“时间那可怕的重负，压垮了你的肩膀，使你沉入大地。”济慈（Keats）则哀叹：“在这个时间流淌过的世界里，美人保持不住明眸的光彩，新生的爱情活不到明天就枯凋”。这种时间观会导致一种“时间疾病”（拉里·多西的原话），它在不断蚕食我们的文化。多西还指出，这种疾病不但对我们的心理健康有害，还会引发某些最致命的疾病，比如与压力有关的癌症、心脏病等。但是，假若你完全沉浸于当下，就会从这种存在性绝望和时间疾病中解脱出来。从某种意义上说，你已经与时间合二为一，共同流淌，而非处于时间之外，试图追赶时间。你不再关注未来，也不会为了抵达未来而匆匆逃离现在；相反，你开始感受一种新的永恒。现在不再是一连串一闪而过并且会永远消失的瞬间，而是一种永恒的、连续的真实存在，充满了光辉与意义。时间不再是河流，而是海洋。用佛学家向智尊者（Nyanaponika Thera）的话来说就是：“正念能从时间这条恶龙的口中夺取自由之珠，帮助人们重获这颗丢失的珍宝。”也许我们生活的外部条件仍在变化，但这并不意味着幸福不会到来（叔本华也这样认为），因为我们的内心拥有幸福感和稳定感，可以不受外界环境的影响。

只前进不后退

我们与时间之间的这种新型关系来自精神的永久性变化，包括自我意识结构的弱化以及嘈杂思绪的受控，这样我们体内会产生多余的能量，我们就不会拥有强烈的自我分离感和二元对立感了。

但是你也许会说，这难道不意味着我们要回到童年吗？毕竟在长大成人的过程中，我们发展出了强烈的自我意识和脱敏机制，因此无须再次回到童年状态。

的确，超越时间的状态和童年有相似之处。在这一状态下，我们拥有和儿童类似的感知强度。没有了脱敏机制的影响，世界总是显得那么真实迷人，我们永远不会觉得无聊。我们像孩子一样，摆脱了大多数成年人所遭受的心理混乱。当自我意识平静下来的时候，我们不会再被往常的嘈杂思绪所干扰，也不会再因消极的想法而焦虑不安。此外，由于我们的自我意识不再那么强大、那么独立，我们也不再拥有基本的自我分离感，即自己被束缚在大脑中，而现实世界却在大脑之外。我们会像孩子一样，觉得自己好像是世界的一部分，而非与世界分离。

当然，时间上也会和童年有相似之处。当我们超越正常的自我意识，或者进入更高层次的意识状态时，我们不再像平常那样越来越受制于时间，也就是说，我们逆转了长大成人过程中的这一现象。以前，时间的流逝速度在不断递增；而现在，时间却变得越来越慢。当你达到最高层次的神秘意识状态时，时间会继续减慢，那时自我意识会完全消失，你会重新体验你在刚出生几个月时所感受到的永恒状态。

尽管存在这些相似之处，可超越时间绝不意味着回到童年。我们不是在破坏或者毁灭自我意识，而是在控制并且超越自我意识；也就是说，我们要进入更高层次的意识状态，而非回到以前的状态。正如哲学家肯·威尔伯所说，儿童生活在前理性和前自我意识状态，而神秘主义者生活在超理性和超自我意识状态。问题不在于自我意识本身，而在于自我意识发展得过于强大、太过混乱，以至于无法控制，从而占据了我们的整个存在，将我们与隐藏的“真实自我”或“意识状态”分离开来。但与此同时，我们仍然需要自我意识，尽管它存在一些严重的缺点，但成年人的自我意识也拥有很多好处：它可以给予我们孩童所不具备的实践能力和组织能力；给予我们更多的专注力、智力、抽象思维以及逻辑思考能力。显然，超越正常的自我意识并不意味着要牺牲这些好处，而是指我们在消除负面影响的条件下保留自我意识。自我意识结构仍然存在，它就像一件可以穿上和脱下的外套，当我们需要逻辑思考或讲求实际的时候，我们可以随时使用。不过自我意识不再垄断我们的精神能量，也不再支配我们的整个存在。

时间的尽头

我们总结一下这部分的内容，如果你想通过内在的方式来扩展并超越时间，而非通过让自己尽量处于陌生环境这种外在的方式，则应该：

- 定期冥想，如果可以，每天练习两次；
- 选择两项日常活动进行正念练习，比如洗澡或步行去公交车站；
- 减少生活中的忙碌与压力，以更加常规的方式练习正念。尽量不慌不忙地完成日常活动，除非非常必要，否则不要急于求成。

冥想与正念练习肯定会暂时延长你的时间感，也许你只是在练习后的几个小时内有这种感觉，但经过数月的练习，你会感受到日积月累的长期效果。随着正常存在状态发生变化，你会产生一种永久的时间延长感，其原因有三点：

- 你产生了更高水平的能量，因此你的脱敏机制无须再发挥作用，你会从周围环境和自身体验中吸收更多知觉信息；
- 由于时间是自我意识的产物，当自我意识不再那么强大，也不占主导地位时，时间就会变慢，你也不再受线性时间的束缚；
- 你能够活在当下，所以无须再让自己躲进专注状态来加快时间的流逝。

毫无疑问，和置身于新环境这种外在的生活方式相比，内在的方式不会带来什么问题。你无须前往任何地方，无须不停地旅行以确保自己比脱敏机制领先一步，也无须牺牲任何其他人类需求。你不需要接触陌生事物的原因在于，你的整个生活环境和全部自身经历依旧那么真实、明亮和鲜活，而且永远如此，即便你已经与之接触成千上万次了。尽管兰波的流浪行为展现着极强的英雄主义，但他却犯了一个根本性的错误——他试图改变自己的生活，而非自己的灵魂；这也导致他对自由的追寻屡屡失败。陌生事物对大脑来说是必不可少的食粮，总能刺激并延长时间感，但若要以此来对抗脱敏机制，却难以奏效。

迄今为止，想要延长人生的最好方法，不是尽量安稳地生活，不是通过锻炼和健康饮食来延迟衰老，不是死后冻结自己的躯体，也不是用新鲜体验来充实生活，而是要通过内在的方式改变体验生活的精神状态，进而扩展时间。

如果你确实以这种方式改变了自己，你就会收获更多东西，而不仅仅是时间。实际上，这些额外收获的作用非常大，以至于想要活得越来越久也变得不那么重要了。从某种意义上说，想要活得越来越久，和任性地渴望拥有更多汽车、渴望赚更多钱没有什么区别。这不过意味着你想要拥有时间，想要尽量为生活注入更多额外的时间；但这也意味着你和当前的时刻在不断疏远，因为你放弃了当下，选择了永远不会出现的虚幻未来。然而，处于新的存在状态下，“你能活多久”这一概念将变得毫无意义。你会发现自己想要的都在当下，根本不用去未来实现目标。你将重获新生，也将被赋予一种能力，使自己活在帕斯卡所谓的“唯一属于我们的时间”里，使自己实实在在地存活在这个世界上，而不是一个抽象的思维世界，也不是一个虚幻的涣散世界。当你进入一个有关意义与美的全新境界时，你也将获得真正的幸福，感受与世界之间的全新联系，体会内心的平静与安宁。

这也许只是一个开始，你可以更进一步，达到最高层次的意识状态。在此状态下，你会觉得个人存在与宇宙已融为一体，时间在这一刻完全消失，你也将体验到永恒。

Making Time：Why Time Seems to Pass at Different Speeds and How to Control It

ISBN: 978-1840468-26-7

《戒瘾：战胜致命性成瘾》

- 美国著名成瘾治疗医学专家为成瘾者开出的独具开创性的戒瘾良方。
- 一本各类成瘾者不容错过的、脱离欲望苦海的戒瘾书。

《失控的大脑：操纵人类异常行为的元凶》

- 南京大学社会学院心理系主任周仁来教授倾情翻译。
- 对人类大脑与各类精神和心理疾病之间的关系进行抽丝剥茧，揭秘人类异常行为背后的大脑奥秘。

《干掉失眠：让你睡个好觉的心理疗法》

- 一本写给被失眠折磨到崩溃、熬夜到发指、天天都觉得好困的你的科学睡眠管理书。
- 基于心理学行为认知疗法，通过科学系统的睡眠管理方法于个性化治疗相结合，有效地帮助有各种失眠症状的人。